Collection **marabout service**

Branchez-vous sur le 36 15 MARABOUT

3615 MARABOUT

♦ **Consultez le CATALOGUE** pour trouver tous les livres Marabout qui vous intéressent et leur point de vente le plus proche de chez vous.

♦ **Unique ! : en INFORMATIQUE,** un service de **téléchargement** ultra-rapide, 24h/24, des meilleurs logiciels du domaine public *(jeux, graphismes, tableurs, utilitaires, programmes musicaux, traitements de textes...)* pour PC ®, Macintosh ®, Atari ®, Unix ®; et la possibilité de télécharger des démonstrations de logiciels des plus grands éditeurs !

♦ **Gagnez des milliers de livres** en jouant avec 36 15 Marabout.

♦ Profitez des **petites annonces** et des très nombreux services originaux de Marabout !

Afin de vous informer de toutes ses publications, **marabout** édite des catalogues régulièrement mis à jour. Vous pouvez les obtenir gracieusement auprès de votre libraire habituel.

La collection Informatique est dirigée par

ghéorghiï grigorieff.

Direction de l'édition	Yann Delalande
Direction littéraire	Françoise Dequenne
Mise en page	Stéphane Mailleux
Composition	Les ateliers Virga Processing
Couverture	Ho Minh Duc

Composition et mise en page sur la chaîne de micro-édition Apple (Mac IIfx® et Laserwriter II NTX®).

La responsabilité de l'auteur et de l'éditeur ne peut être engagée en cas d'incident pouvant provenir d'un erreur dans un programme.

Frank Lohéac

Les fichiers batch

sous MS-DOS®

MARABOUT

Sommaire

Première partie: Les commandes batch

Deuxième partie: Les commandes Dos les plus utiles aux batchs

Troisième partie: Fichiers batch complexes et programme

Première partie:

Les commandes batch

Chapitre 1

Les bases

Les fichiers "batch" sont de petits programmes écrits par l'utilisateur pour se faciliter le travail. Ils sont particulièrement simples à écrire, puisqu'ils utilisent la syntaxe du DOS que tout le monde connaît peu ou prou, et particulièrement performants puisqu'ils permettent de simplifier et d'automatiser la plupart des tâches. Ils sont hélas méconnus du grand public, faute d'explications suffisantes dans le manuel du DOS et faute d'exemples dans la littérature existante.

Cet ouvrage espère apporter une réponse à toutes les questions. Ce premier chapitre débutera par les notions les plus courantes et rappellera ce qu'est un fichier batch et à quoi il sert.

Qu'est-ce qu'un fichier batch?

Les fichiers batch sont des fichiers regroupant une série de commandes qui pourraient être lancées à partir de la ligne du DOS. Ces commandes, inscrites dans le fichier batch à raison d'une par ligne, représentent soit des commandes habituelles du DOS comme DIR, CHKDSK, FORMAT, soit des noms de programme comme DBASE, EXCEL ou WORD.

Les batchs sont donc des fichiers-texte comportant un ordre exécutable par ligne.

En voici un exemple simple, permettant de se rendre dans le répertoire \COURRIER du disque dur < C: >, de copier tous les documents d'extension TXT sur une disquette située en < A: >, et d'effacer ensuite les fichiers d'extension BAK du répertoire:

```
"C:" "CD \COURRIER" "COPY *.TXT A:" "DEL *.BAK"
```

Ce batch regroupe quatre ordres DOS différents. Nous allons voir maintenant à quoi sert le fait de réunir ces ordres dans un fichier.

Exécuter et interrompre un fichier batch

L'intérêt d'un fichier batch tient à ce qu'il est exécutable: il suffit de taper son nom sur la ligne de commande pour que les commandes qu'il contient soient automatiquement lancées. Un batch peut également être interrompu en cas de besoin. Voyons comment:

- Exécution: pour exécuter un fichier batch, il suffit de taper son nom sur la ligne de commande, sans qu'il soit besoin de mentionner l'extension BAT. Supposons que le fichier de 4 ordres DOS donné en exemple ci-dessus s'appelle SAUVE.BAT: pour le lancer on tapera simplement SAUVE, et l'on validera naturellement en appuyant sur la touche <ENTRÉE>. Toutes les commandes dont le nom apparaissent dans ce fichier s'exécuteront alors successivement.
- Interruption: pour interrompre le déroulement d'un fichier batch, on utilise la combinaison de touches <CTRL-C>: on maintient la touche <CONTRÔLE> enfoncée et l'on appuie sur la touche <C>. Un message du type "Fin du traitement par lot (O/N)?" apparaît et l'utilisateur peut alors interrompre l'exécution en appuyant sur la touche <O>.

L'intérêt des fichiers batch

Regrouper des commandes dans un fichier batch est intéressant à plusieurs titres, en particulier pour:

- répéter des commandes:il suffit pour cela de créer un fichier batch comportant ces ordres et de lancer ce batch autant de fois que nécessaire sans avoir à retaper les commandes au clavier;
- automatiser des tâches. La création d'un batch permet de lancer une série d'opérations sans nécessiter la présence de l'usager. Par exemple télécharger automatiquement des fichiers à une heure donnée, envoyer des télécopies nocturnes quand les communications sont les moins chères, imprimer une série de documents sans avoir à intervenir, etc.;
- faciliter l'exécution d'une commande complexe en s'assurant que l'ordre donné ne comportera pas de faute de syntaxe;
- remplacer une commande longue à taper par une commande courte;
- créer des programmes utilitaires utilisant plusieurs commandes DOS, pour rechercher par exemple des chaînes de caractères dans des fichiers, réaffecter les touches du clavier, créer des macro-commandes, retrouver un fichier perdu sur le disque, revenir immédiatement dans un répertoire sans devoir taper de longues commandes, modifier le PATH au vol, envoyer des commandes à l'imprimante sans bouger de son siège, lancer des commandes une seule fois par jour même si l'on allume plusieurs fois l'ordinateur, lancer des opérations à certains jours seulement ou à une date donnée, etc.

Comment reconnaître un fichier batch

On reconnaît un fichier batch à son extension, c'est-à-dire à ses trois dernières lettres qui sont obligatoirement "BAT". Le mot "batch", un peu curieux, signifie "lot" en américain. On l'utilisait autrefois pour décrire une suite d'instructions, à l'époque où ces dernières parvenaient aux ordinateurs sous forme de lots de cartes perforées. Il est resté depuis. En français on utilise également l'expression "traitement par lots".

Créer un fichier batch

On peut créer un fichier batch par la commande COPY CON mais on utilise le plus souvent un programme spécialisé dans l'édition de texte: EDLIN ou EDIT qui sont fournis par le DOS, ou un programme commercial comme WORD ou AMIPRO...

➢ *COPY CON*

La commande COPY peut servir à créer un fichier contenant quelques lignes de texte, par:

```
COPY CON NOM_DU_FICHIER_A_CREER <ENTER>.
```

Le terme CON est utilisé pour "CONsole" c'est-à-dire l'ensemble écran-clavier. On entre son texte au clavier en utilisant la touche < ENTER > pour passer à la ligne après chaque commande. On termine le fichier en créant un caractère < Ctrl-Z >: soit en appuyant sur la touche < CONTRÔLE > puis sur la touche < Z >, soit ce qui est mieux encore en appuyant sur la seule touche de fonction < F6 >. On conclut ces opérations par < ENTER >, et le fichier est créé sur le disque.

Reprenons l'exemple ci-dessus. Il faudra entrer la série d'ordres suivants:

```
COPY CON SAUVE.BAT <Enter>
C:                 <Enter>
CD \COURRIER       <Enter>
COPY *.TXT A:      <Enter>
DEL *.BAK          <Enter>
<F6>               <Enter>
```

Le message “Un fichier copié” indiquera que l’opération s’est déroulée avec succès, ce qui signifie que le fichier SAUVE.BAT a bien été créé sur le disque.

Cette façon de faire n’est toutefois pratique que pour de petits textes, d’autant que ce procédé ne permet pas la modification d’un fichier existant. Pour des fichiers plus importants, mieux vaut faire appel à un logiciel spécialisé dans l’édition de texte.

➢ *EDLIN, EDIT, Editeur ou traitement de texte*

Le mieux, pour créer un fichier-texte, est d’utiliser un programme spécialisé: EDLIN (une horreur, soit dit en passant, et l’on a intérêt à trouver autre chose), EDIT qui est l’éditeur fourni avec la version 5.0 du DOS, ou tout autre éditeur ou traitement de texte.

La différence entre un éditeur et un traitement de texte est que le premier sauvegarde normalement le fichier en ASCII pur, c’est-à-dire sans altérations, alors que le second y incorpore des codes qui lui sont propres pour indiquer dans quel corps est le texte, s’il est en gras, en italiques, souligné, etc. Ces codes troublent malheureusement le DOS et empêchent l’exécution du batch. Si vous utilisez un programme de ce type, il vous faudra sauvegarder vos textes en ASCII. Ce terme est l’acronyme de *American Standard Code for Information Interchange*, c’est-à-dire “Codification Américaine Standard pour l’Echange d’Informations”, et se prononce comme: *à ski*. La possibilité de sauvegarde ou de conversion en ASCII apparaît souvent sous les noms

“Mode non document” ou bien “Non structuré” ou bien naturellement “ASCII”.

Nommer un fichier batch

Les fichiers batch peuvent porter tout nom accepté par le DOS, à condition d'avoir pour extension les trois lettres BAT: par exemple “edit. BAT”. Le fichier batch le plus utilisé et sans doute le plus connu est sans conteste AUTOEXEC.BAT, exécuté automatiquement à chaque lancement de la machine.

L'extension BAT étant réservée, seules les huit premières lettres du nom sont donc disponibles. L'extension BAT est nécessaire car le DOS n'exécute que quatre types de commandes: d'abord les commandes internes, ensuite celles correspondant à des fichiers d'extension COM, EXE ou BAT, dans cet ordre-là.

A l'appel d'une commande le DOS vérifie d'abord s'il s'agit d'une commande interne, c'est-à-dire incluse dans le fichier COMMAND.COM chargé en mémoire. Si oui il l'exécute, si non il cherche dans le répertoire courant un programme dont le nom correspond à la commande. La recherche se fait d'abord sur les fichiers d'extension COM, puis sur ceux d'extension EXE, et à défaut sur ceux d'extension BAT. Si le programme n'existe pas dans le répertoire courant, le DOS parcourt successivement tous les répertoires inclus dans le *chemin* par la commande PATH à la recherche d'un fichier exécutable correspondant. S'il ne le trouve pas, il affiche le message d'erreur “Mauvais nom de commande ou de fichier”. Notez qu'un batch portant le même nom qu'une commande interne ou qu'un fichier COM ou EXE ne sera jamais exécuté, ces programmes étant toujours appelés avant lui.

En pratique on tâche de donner à un batch le nom le plus parlant possible, c'est-à-dire celui qui décrit le mieux son action. Supposons qu'un batch permette de compter le nombre de lignes d'un fichier: on l'appellera COMPTLGN.BAT ou quelque chose d'approchant.

➢ *Obtenir un caractère quelconque avec les touches ALT et CTRL*

Nous utiliserons souvent des caractères impossibles à entrer directement au clavier faute de touches les représentant. Ces caractères appartiennent à la table ASCII, qui contient 256 symboles numérotés de 0 à 255. On les obtient en maintenant la touche ALT (Alternate) enfoncée et en tabulant le numéro ASCII du caractère désiré, exprimé en notation décimale, sur le pavé numérique situé à la droite du clavier: cela ne fonctionne pas avec les chiffres situés au-dessus du clavier. On relâche alors la touche ALT et le caractère apparaît à l'écran. Exemple: pour obtenir le caractère _, dont le code ASCII exprimé en notation décimale est 237, on appuie sur la touche <ALT> et l'on tabule 237 sur le pavé numérique, puis on lâche tout. Le caractère attendu apparaît à l'écran.

L'explication est longue, mais la manœuvre est enfantine dès qu'on l'a effectuée une ou deux fois. Mettons-nous donc d'accord: à chaque fois qu'il sera question d'un caractère obtenu avec la touche <ALT>, il faudra procéder de la manière décrite ci-dessus. Un tel caractère sera indiqué par la mention <ALT>suivie de la touche ou du numéro de la table ASCII à taper. Par exemple:

<Alt-Y>: Maintenir la touche <ALT> enfoncée et appuyer sur la touche <Y>.

< Alt-92 >: Maintenir la touche < ALT > enfoncée, tabuler 9 et 2 (pavé numérique).

< ALT-F3 >: Enfoncer la touche < ALT >, appuyer sur la touche de fonction < F3 >.

D'autres caractères peuvent être obtenus grâce à la touche Contrôle, en maintenant cette touche enfoncée et en tapant sur une deuxième touche. Par exemple:

< CTRL-G > veut dire: enfoncer la touche < CTRL >, appuyer sur la touche < G >.

< CTRL-Z > veut dire: enfoncer la touche < CTRL >, appuyer sur la touche < Z >.

Ces derniers caractères apparaissent à l'écran sous la forme < ^Z >, < ^G >, < ^L >, etc. Ils sont très utiles: < CTRL-Z > marque les fins de fichier, < Ctrl-G > actionne une sonnerie, < CTRL-L > permet d'éjecter une page sur l'imprimante. Nous donnerons les exemples correspondants au fur et à mesure des développements de cet ouvrage. Remarquez qu'il importe peu de rentrer les lettres en minuscules ou en majuscules.

Considérant que tout le monde sait comment obtenir de tels caractères, à partir de maintenant nous ne fournirons plus d'explication concernant la marche à suivre.

Les commandes batch

Les commandes batch sont en nombre limité: 8 exactement et l'on pourrait même dire 7 car l'on peut parfaitement se passer de l'une d'elles, REM pour ne pas la nommer. Le lecteur attentif pourra donc rapidement maîtriser les finesses des batchs, qui n'utilisent que ces commandes et les ordres DOS familiers à tous.

Voici un bref résumé des 8 commandes du langage batch:

CALL	Appelle et exécute un autre fichier batch.
ECHO	Active ou désactive l'affichage des commandes. Affiche un message.
FOR	Applique une commande à plusieurs fichiers.
GOTO	Continue l'exécution du fichier batch à un autre endroit.
IF	N'exécute une commande que si une condition est remplie.
PAUSE	Suspend provisoirement l'exécution du batch et affiche un message.
REM	Permet de commenter un fichier batch.
SHIFT	Permet d'utiliser plus de 10 paramètres remplaçables.

On emploiera en outre un certain nombre d'opérateurs comme < EXIST >, < == >, < ERRORLEVEL >, < DO > et < NOT >, qui seront étudiés au moment adéquat.

Notons au passage que toutes ces commandes n'ont pas un usage limité aux fichiers batch, et peuvent pour la plupart être utilisées sur la ligne de commande sans modification. Les efforts consentis pour apprendre le langage batch seront donc profitables pour tirer le meilleur parti des possibilités, souvent méconnues, offertes par le DOS.

Symbolisme employé

On emploiera le symbolisme habituel pour indiquer la syntaxe d'une commande: le texte placé entre crochets [...] est toujours optionnel, et la ligne verticale |

montre que l'utilisateur a le choix entre plusieurs possibilités.

Exemple:

```
ECHO [on|off|Message]
```

indique que la commande ECHO peut, à titre optionnel, être suivie de l'une au choix des trois possibilités indiquées: ON, OFF, ou un message quelconque composé par l'utilisateur.

Autre exemple:

```
SET [variable=[chaîne]]
```

La commande SET peut être utilisée seule, le reste de la ligne étant entre crochets. Si l'on donne un nom de variable, on dispose encore d'un choix après le signe d'égalité: soit on fait figurer une chaîne de caractères, soit on ne met rien car cette dernière est optionnelle. On peut donc utiliser SET de trois façons:

```
"SET" "SET variable=" "SET variable=chaîne"
```

Sections pour "experts"

La plupart des chapitres se terminent par une partie intitulée "Programmes et précisions techniques", où l'on trouve des explications complémentaires et de nombreux programmes. Ces parties faisant souvent appel à des notions qui n'ont pas encore été vues à ce moment-là, il aurait semblé logique de les regrouper en fin d'ouvrage, mais comme elles utilisent à fond les possibilités exposées dans leur chapitre, il serait dommage de les en séparer. Leur lecture demande en conséquence un niveau de connaissances supérieur à celui du lecteur néophyte parcourant cet ouvrage dans l'ordre de progression normal des chapitres. Je conseille donc à ce dernier de ne pas insister sur les parties plus techniques quand elles lui semblent hors de portée, et d'y revenir après lecture des parties didactiques de tous les chapitres: tout s'éclaircira alors et ce qui semblait complexe apparaîtra alors comme enfantin.

Programmes inclus dans cet ouvrage et sur la disquette optionnelle

Cet ouvrage comprend un certain nombre de programmes utilisables. Il aurait pu en comprendre beaucoup plus, mais l'idée n'a pas été retenue pour éviter d'en faire un gros "pavé" d'allure rébarbative. Le lecteur trouvera sur la disquette d'accompagnement non seulement l'intégralité des programmes décrits dans cet ouvrage, ce qui lui évitera d'avoir à les taper, mais aussi de très nombreux autres batchs et des programmes utilitaires complémentaires. Les fichiers batch y sont adaptés pour DOS français et DOS américain. Nous ne saurions trop vous conseiller d'acquérir cette disquette qui, bien qu'optionnelle, constitue le complément indispensable de ce livre. Les très nombreux exemples qui y figurent permettront de se sentir plus à l'aise avec les fichiers batch et d'en faire une extension naturelle du DOS permettant de se simplifier la vie et d'automatiser la plupart des tâches.

Chapitre 2

Commenter un fichier batch avec **REM**

On utilise la commande REM, signifiant REMarque, pour commenter les fichiers batch. Cette commande très simple n'a théoriquement pas d'autre usage, mais on verra plus bas qu'on l'utilise également à d'autres fins.

Syntaxe:

```
REM [Message]
```

Fonction:

Documenter un fichier batch.

Documenter un fichier batch

Pour documenter un fichier batch on préface toute ligne de commentaires du mot REM, qui indique au DOS de ne pas exécuter la ligne. L'utilisation de cette commande est donc très simple. La remarque suivante, incluse dans un fichier batch:

```
REM Remonte le curseur de 4 lignes
prompt $e[4A
```

permet par exemple de documenter la commande énigmatique PROMPT $E[4A. L'intérêt d'un tel commentaire est de pouvoir comprendre, longtemps après, comment fonctionne le batch: sur le moment on comprend ce que l'on fait, d'autant que l'on a parfois rafraîchi sa mémoire en consultant un ouvrage consacré au DOS, mais plusieurs mois plus tard on se demande souvent ce que l'on a bien voulu dire, et ce "PROMPT $E[4A" n'engendre que des points d'interrogation. Autre exemple, la ligne suivante:

```
REM TODAY.BAT (fonctionne conjointement avec ✂
Current.bat).
```

permet de rappeler que le fichier TODAY.BAT ne peut fonctionner qu'avec un fichier associé nommé

CURRENT.BAT. Ce commentaire rappelle, si l'on copie TODAY.BAT sur une autre machine, qu'il faut également copier CURRENT.BAT.

Un commentaire peut être aussi long que désiré, mais seuls ses 120 premiers caractères sont affichables. Si l'on passe à la ligne, il faudra également utiliser REM sur la nouvelle ligne.

Documenter un fichier batch est très utile, bien qu'en pratique un peu fastidieux. Un fichier batch n'est jamais très clair à lire et demande généralement une bonne dose de connaissance et surtout de concentration pour pouvoir être compris: même l'auteur d'un fichier batch a parfois du mal à comprendre ce qu'il a voulu faire lorsqu'il se relit quelques mois plus tard. Un fichier bien documenté est par contre compréhensible même si l'on ne connaît pas les commandes ou les programmes utilisés. Prenons comme exemple le fichier COMTLGN.BAT:

```
@echo off
if %1!==! goto aide
echo.
echo Nombre de lignes du fichier %1:
find /c /v "#{`@)(" %1
echo.
goto end
:aide
echo.
echo But: Compter les lignes d'un fichier.
echo Syntaxe: %0 Nom du fichier à traiter.
echo.
:end
```

Ce fichier n'est pas très clair pour le non-initié. Son nom et les deux lignes d'aide donnent une petite idée de ce qu'il fait (visiblement compter des lignes) mais n'éclaire pas sur son mode de fonctionnement au cas où l'on désirerait le modifier. Commentons-le abondamment, et il deviendra lisible même pour qui n'a jamais ouvert un livre sur les batch de sa vie (pauvre!).

```
@echo off
REM COMTLGN.BAT a pour but de compter le nombre
REM de lignes d'un fichier.
REM On le lance par COMTLGN suivi du nom du
REM fichier à traiter.
REM
REM Vérifions d'abord qu'un nom de fichier a été
REM fourni en argument: si oui
REM le batch s'exécute normalement, si non
REM l'utilisateur se voit proposer un écran
REM d'aide et le batch se termine.
REM
if %1!==! goto aide
REM
REM Affichons maintenant une ligne blanche pour
REM des raisons d'esthétique.
REM
echo.
REM Affichons un message indiquant que le nombre
REM de lignes du fichier va être indiqué:
REM
echo Nombre de lignes du fichier %1:
REM
REM Comptons le nombre de lignes du fichier par
REM la commande DOS "FIND", en notant grâce aux
REM options /c et /v les lignes du fichier ne
REM comportant pas la chaîne improbable #{`@)(
REM puis en affichant le chiffre trouvé.
REM
find /c /v "#{`@)(" %1
REM
REM Sautons encore une ligne pour des raisons de
REM présentation.
REM
echo.
REM Terminons l'exécution du batch en nous
REM rendant directement à l'étiquette ":END" sans
REM passer par l'écran d'aide.
REM
goto end
REM
REM Et voici l'aide affichée si l'utilisateur
REM omet de mentionner
REM un nom de fichier comme argument sur la ligne
REM de commande:
```

```
REM
:aide
echo.
echo But: Compter les lignes d'un fichier.
echo Syntaxe: %0 Nom du fichier à traiter.
echo.
REM
REM Voici la fin du batch.
REM
:end
```

N'importe qui peut comprendre facilement ce batch maintenant. Cette façon de faire présente cependant deux inconvénients:

- premier inconvénient, demander du temps à la création alors que les batchs sont justement faits pour les paresseux, les pires, ceux capables d'investir du travail en apprenant le langage batch pour éviter de travailler ensuite.
- deuxième inconvénient, l'ajout de nombreux commentaires ralentissant l'exécution: pas de beaucoup si le batch est court, mais de façon significative s'il est long. On verra plus bas comment tourner cette difficulté.

Pour ces raisons certains ne commentent que rarement leurs batchs. Je ne saurais trop vous conseiller cependant de faire cet effort: on ne peut s'en dispenser que lorsque l'on se sent techniquement capable de se relire et de se comprendre 6 mois plus tard, et quand on sait que l'on aura le courage de le faire.

Profitons de cette digression pour indiquer qu'il est de bonne politique d'indiquer le nom et la fonction du batch dans une remarque en début de fichier: supposons qu'un batch destiné à compter les lignes d'un fichier s'appelle COMTLIGN.BAT. Ce nom parlant, destiné à dépeindre du mieux possible l'action exécutée, est long et aura intérêt à être raccourci en cas d'utilisation fréquente, par exemple en CL.BAT. L'avantage de cette méthode est de diminuer le nombre de touches à frapper, son inconvénient est de rendre le nom incompréhensible: on perd rapidement son latin dans un répertoire où tous les fichiers s'appellent D.BAT, Z.BAT, DL.BAT ou P.BAT. Placer en début de batch un commentaire libellé:

```
REM Comptlgn.bat
```

Ce batch sert à compter les lignes d'un fichier.

Le commentaire proposé permet, si l'on a un trou de mémoire, de retrouver facilement le nom et la fonction d'un fichier en listant ce dernier.

Affichage des commentaires

Les lignes comportant des remarques préfacées par REM sont affichées à l'écran si ECHO, une commande batch que nous verrons plus tard, est activé par la commande "ECHO ON". Il reste invisible si ECHO est désactivé par la commande "ECHO OFF" ou si REM est précédé de l'esperluète "@": ce symbole, introduit avec la version 3.3 du DOS, permet lorsqu'il est placé en début de ligne d'en interdire l'affichage. Exemple: sur les trois lignes suivantes préfacées par REM deux lignes ne s'afficheront pas, la première parce qu'elle est précédée du symbole "@", la dernière parce qu'elle suit une commande ECHO OFF.

```
@REM Cette ligne ne sera pas affichée à cause ✂
de l'esperluète @
REM Celle-là si, car ECHO qui est ON par ✂
défaut n'a pas été désactivé
@ECHO OFF
REM Celle-là non, car ECHO est maintenant OFF,
REM donc inactif.
```

Déboguage

Le fait qu'une ligne préfacée par REM soit ignorée par le DOS sert à faciliter le déboguage des fichiers batch. Le terme déboguer vient de l'américain "bug", signifiant cafard. Les premiers ordinateurs tombaient fréquemment en panne du fait de courts-circuits provoqués par ces peu sympathiques animaux vautrés bien au chaud entre câbles et lampes.

Le terme est resté bien que les bogues, francisation du mot bug, soient actuellement le fait d'un défaut de programmation et non d'une quelconque bestiole squattant l'ordinateur: on nomme bogue, par extension, tout défaut de fonctionnement de la machine ou d'un programme.

Il est rare qu'un fichier batch, même simple, fonctionne du premier coup: dans les premières versions on commet le plus souvent une faute de frappe, une erreur de syntaxe, de construction ou de logique. La faute est habituellement facile à découvrir, mais pas toujours: il arrive parfois que l'on ne parvienne pas à déceler l'-élément fautif, aussi minutieusement que l'on scrute le fichier. Il faut alors procéder de façon systématique: pour déboguer le batch rétif, le mieux est de commencer par désactiver toutes les commandes sur lesquelles on a un doute, ce qui permet de vérifier si le reste fonctionne normalement. On pourrait effacer les lignes douteuses, mais cette solution est trop radicale: si la ligne était correcte ou ne nécessitait qu'une légère modification, il faudrait ensuite la retaper. On résout le problème de façon élégante en préfaçant les lignes à désactiver de "REM": on peut alors tester facilement ce que donne l'exécution du batch et réactiver ces commandes s'il s'avère qu'elles n'étaient pas fautives.

Programmes et précisions techniques

Les lignes suivantes peuvent être lues maintenant, mais seront mieux comprises encore par qui sait ce qu'est un "Label" et connaît la commande "GOTO". Le néophyte devrait sauter ces paragraphes et les reprendre plus tard. Cela lui éviterait de se dégoûter s'il ne comprend pas la discussion, ce qui est probable. Rappelons que cette remarque est valable pour la plupart des parties "Programmes et précisions techniques" clôturant les chapitres.

➢ *Accélérer les batchs en évitant d'utiliser* **REM**

La commande REM est particulièrement inutile puisqu'un autre symbole – celui du label – peut la remplacer avantageusement. Nous avons employé REM tout au long de cet ouvrage pour rester classique et donc mieux compris, mais les lignes qui suivent vont démontrer que l'on pourrait, et sans doute que l'on devrait, s'en passer.

➢ *Remplacer* **REM** *par un label*

La présence d'un grand nombre de commentaires préfacés par REM ralentit l'exécution d'un batch. Une solution consiste à remplacer REM par les deux points <:> utilisés comme référence de label pour la commande GOTO. Le DOS considère en effet toute ligne débutant par deux points comme un label et ne cherche ni à l'exécuter ni à l'afficher, quel que soit l'état de ECHO, alors qu'il doit **lire** une ligne débutant par REM pour s'assurer que ces trois lettres ne constituent pas le début d'une commande comme REMOVE.EXE, REMPLIS.EXE, REMEDY.COM ou REMIND.BAT.

Voici ce que donne la technique recommandée en pratique. Prenons d'abord un exemple utilisant REM:

```
REM Suite des opérations (CETTE LIGNE EST UNE ✂
REMARQUE)
commandes ...
```

Remplaçons maintenant REM par un label, et l'on obtiendra:

```
:Suite des opérations (CETTE LIGNE EST ✂
ÉGALEMENT UNE REMARQUE)
commandes ...
```

REM a été remplacé par <:>. Un problème surgit toutefois si une commande GOTO fait appel à un label de même nom qu'une des remarques ainsi créées, le DOS ne sachant pas distinguer le véritable label de la remarque. Reprenons l'exemple ci-dessus:

```
:Suite des opérations (CETTE REMARQUE PEUT ✂
ETRE CONFONDUE AVEC UN LABEL)
commandes ...
goto suite
commandes ...
:suite
```

Le DOS a maintenant le choix entre deux labels nommés "suite" pour exécuter l'ordre GOTO SUITE. La recherche de label s'effectuant toujours à partir du début de fichier et s'arrêtant à la première occurrence trouvée, le label sélectionné sera alors le mauvais. On résout le problème en faisant suivre les deux points du label d'un espace. La bonne façon de se passer de la commande REM est donc la suivante:

```
: Suite des opérations (NE PEUT SE CONFONDRE ✂
AVEC UN LABEL GRACE A L'ESPACE)
commandes ...
goto suite
commandes ...
:suite
```

Notez bien l'espace séparant le caractère <:> de "Suite des opérations". Indiquons au passage que sur certaines versions du DOS cet espace, de code ASCII 32, ne suffit pas à différencier deux labels. On peut alors le remplacer par un espace de code ASCII 255, obtenu par < Alt-255 >.

➢ *Regrouper les commentaires en début de fichier*

Signalons une autre possibilité intéressante, utilisable à chaque fois que les commentaires peuvent être groupés: on place ces derniers en tête de batch, on les fait suivre du label Début et on les évite en débutant le fichier par la commande GOTO DEBUT. Le batch se présente ainsi:

```
@echo off
goto DEBUT

commentaires
commentaires
....
commentaires

:DEBUT
Commandes ...
```

Cette technique permet d'accélérer l'exécution du batch et de se dispenser d'une commande REM à chaque ligne de commentaires.

La question qui se pose naturellement est la suivante: combien de temps gagne-t-on en évitant d'employer REM, et cela vaut-il la peine de se donner tant de peine? Pour répondre à cette question, effectuons le test suivant: exécutons 100 fois de suite, par des boucles FOR, 3 fichiers batch contenant un même texte de 130 lignes et 5 500 octets. Ces fichiers de test ne comprennent pas de commandes, mais uniquement du texte ppréfacé ainsi:

- sur le premier, chaque ligne débute par REM;

- le deuxième utilise la technique GOTO DEBUT expliquée ci-dessus;
- le troisième utilise de faux labels, chaque ligne débutant par <:>.

Ces fichiers ne comportant pas de commandes, leur durée d'exécution reflète uniquement le temps mis par le DOS à passer de ligne en ligne pour se rendre compte qu'il s'agit de commentaires. Voici comment sont conçus ces batchs:

Fichier 1, ESSAI1.BAT, utilisant REM:

```
rem texte...
rem texte...
...
rem texte...
```

Fichier 2, ESSAI2.BAT, utilisant GOTO:

```
goto debut
texte...
...
texte...
:debut
```

Fichier 3, ESSAI3.BAT, utilisant LABEL:

```
: texte...
: texte...
: ...
: texte...
```

Chronométrons le délai d'exécution en modifiant le prompt de façon à ce qu'il indique le temps, et récupérons les heures de départ et d'arrivée dans des fichiers DEBUT.BAT et FIN.BAT. Ces techniques, qu'il faut retenir, seront développées dans les pages consacrées à COMMAND.COM et à PROMPT:

```
@echo off
prompt $t
rem > debut.bat
```

```
command /c debut > debut.bat
for %%A in (1 2 3 4 5 6 7 8 9 0 1 2 3 4 5 6 7 ✂
8 9 0 1 2 3 4 5) do call essai
for %%A in (1 2 3 4 5 6 7 8 9 0 1 2 3 4 5 6 7 ✂
8 9 0 1 2 3 4 5) do call essai
for %%A in (1 2 3 4 5 6 7 8 9 0 1 2 3 4 5 6 7 ✂
8 9 0 1 2 3 4 5) do call essai
for %%A in (1 2 3 4 5 6 7 8 9 0 1 2 3 4 5 6 7 ✂
8 9 0 1 2 3 4 5) do call essai
rem > fin.bat
command /c fin > fin.bat
prompt $p$g
```

Les résultats, obtenus sur un Notebook 386 SX cadencé à 20Mhz, sont édifiants:

TECHNIQUE	TEMPS
REM	3mn 20s
GOTO	22s
LABEL	21s

On remarque qu'il est équivalent d'utiliser GOTO ou LABEL, et que ces techniques écrasent complètement REM. Elles grèvent quand même un peu les performances: le même test effectué en lançant un fichier contenant uniquement les lignes suivantes:

```
@echo off
goto debut
:debut
```

c'est-à-dire sans comporter de texte entre goto debut et le label debut, prend uniquement 5 secondes pour être exécuté 100 fois. On notera également que dans les trois techniques employées le temps utilisé dépend du nombre de caractères par ligne. Si l'on réduit chaque fichier au strict nécessaire, le premier comportant uniquement le mot REM sur chaque ligne, le deuxième une lettre, le troisième le signe < : >, on obtient des résultats très différents. Le tableau ci-dessous récapitule les chiffres obtenus, selon que les lignes sont pleines ou vides:

TECHNIQUE	**TEMPS**	
	Lignes pleines	Lignes vides
REM	3mn 20s	2mn 23s
GOTO	22s	6s
LABEL	21s	5s
(Boucle vide)	(5s)	(5s)

Moralité: l'emploi de GOTO ou de LABEL est très largement préférable à l'utilisation de REM. Il n'est pas obligatoire quand le nombre de commentaires est limité, mais le devient si les remarques se multiplient: patienter 20 secondes est tout juste supportable mais attendre 3 minutes et 20 secondes devant un écran est absolument exclu.

➢ *Afficher un commentaire sans qu'apparaisse le mot "REM"*

Si l'on désire voir les commentaires à l'écran il faut placer ECHO sur ON, mais dans ce cas un petit problème d'esthétique se pose: les remarques sont préfacées des lettres REM quand elles s'affichent, ce qui est désagréable. On tourne la difficulté en faisant suivre REM de trois caractères Backspace, retour arrière, obtenus par < ALT-8 >. On peut tester cette façon d'opérer en lançant le petit fichier SANS-REM.BAT suivant:

```
rem SANS-REM.BAT
REM◊◊◊C'est une remarque sans REM
echo ça marche
```

Si l'on exécute ce fichier, la ligne "C'est une remarque sans REM" sera affichée sans être préfacée d'un "REM" inopportun. Notons, car c'est intéressant à savoir, que si l'on imprime le fichier, le mot "REM" disparaîtra également.

➢ *Créer un fichier de taille nulle avec* REM

On a parfois besoin de créer des fichiers de taille nulle. L'une des possibilités les plus simples pour ce faire est de diriger le résultat de la commande REM vers un fichier. La commande:

```
REM > FICHNUL
```

crée un fichier FICHNUL dont la taille est de zéro octet. Si le besoin d'un tel fichier n'apparaît pas maintenant, on changera rapidement d'avis à la lecture de cet ouvrage. Un petit exemple, pour mettre en appétit: la commande GOTO END, qui permet de quitter un batch à tout moment, est d'exécution un peu longue si le batch comporte de nombreuses lignes. La solution consiste à remplacer GOTO END par un appel à un fichier "fantôme" ne comportant aucune commande, nommé par exemple QUIT.BAT: la sortie est alors instantanée. QUIT.BAT sera créé par REM > QUIT.BAT.

Fait important, un fichier de taille nulle n'occupe aucune place sur le disque à part les quelques octets réservés à conserver son nom dans le répertoire, alors qu'un fichier plus grand se voit allouer au moins un cluster, c'est-à-dire de 2048 à 8192 octets selon le disque dur, même si sa taille n'est que d'un octet.

Chapitre 3

Contrôler l'affichage avec **ECHO**

La commande ECHO a deux emplois principaux: supprimer l'affichage des commandes avant exécution et permettre celui de messages utilisateur.

Syntaxe:

```
ECHO [on | off | Message]
```

Fonction:

Supprime l'affichage des commandes, affiche un message utilisateur.

Le chapitre premier explique la signification des symboles utilisés pour indiquer la syntaxe de la commande ECHO. En clair, on dispose des quatre possibilités suivantes:

<ECHO>	employé seul affiche l'état courant d'ECHO
<ECHO ON>	active l'affichage des commandes
<ECHO OFF>	désactive l'affichage des commandes
<ECHO Message>	affiche un message à l'écran, même si ECHO est OFF

Activation et suppression de l'affichage des commandes

Utilisé à partir d'un fichier batch, le DOS a la curieuse habitude d'afficher chaque commande au moment où il l'exécute. Supposons qu'un batch contienne la commande DIR: lors de son exécution le DOS, au lieu de se borner à mener l'ordre à bien, affiche d'abord "DIR" avant de lister le répertoire. Cela donne l'impression d'une discussion avec un gâteux annonçant toujours ses phrases à l'avance, et disant "Je vais vous dire bonjour: bonjour", au lieu de saluer d'emblée.

Pour éviter ce surcroît d'informations gênant, on utilise ECHO OFF. La plupart des utilisateurs débutent leurs fichiers batch par cette commande pour supprimer l'affichage des commandes avant exécution. Un petit problème d'esthétique subsiste néanmoins: comme cette commande n'est active qu'après avoir été lancée, le message ECHO OFF apparaît quand même à l'écran.

Les possesseurs d'une version DOS égale ou supérieure à 3.3 peuvent contourner le problème en accolant l'esperluète < @ > à la commande qu'ils veulent masquer. Ils régleront donc définitivement le problème en préfaçant de façon routinière leurs batchs par la commande @ECHO OFF. C'est d'ailleurs ainsi que débutent l'immense majorité des batchs proposés dans cet ouvrage.

Gestion de l'état courant d'ECHO

Employé seul, sans argument, ECHO renvoie son état courant en affichant "ECHO est ON" ou "ECHO est OFF" selon le cas. Par défaut, ECHO est toujours actif, c'est-à-dire "ON". Notez qu'il est inutile de replacer ECHO sur ON à la fin d'un batch où il était OFF, le DOS réactivant ECHO automatiquement.

Il existe une autre occasion où le DOS replace automatiquement ECHO sur ON: lorsque l'on utilise la commande COMMAND/C pour appeler un autre fichier batch (voir le chapitre 16, consacré à COMMAND.COM). Il faut donc débuter ce nouveau batch par @ECHO OFF si l'on désire éviter l'affichage de ses commandes. Par contre le DOS gère correctement la gestion d'état de ECHO avec la commande CALL, introduite avec le DOS 3.3 (voir le chapitre 9, consacré à CALL).

On peut passer plusieurs fois d'ECHO ON à ECHO OFF dans un même fichier batch. ECHO conserve le même état, actif ou inactif, tant qu'une commande inverse n'est pas intervenue. ECHO doit toutefois impérativement être sur "ON" si l'on envoie des codes de contrôle à ANSI.SYS par la commande PROMPT (voir le chapitre 15, consacré à ANSI.SYS).

ECHO peut être mis sur ON ou sur OFF de la ligne de commande, mais si l'on tape ECHO OFF en DOS, un phénomène curieux se produit: le PROMPT (l'invite du DOS) s'efface et ne réapparaît qu'après l'ordre ECHO ON.

Affichage de messages utilisateur et de caractères semi-graphiques

ECHO permet de communiquer avec l'utilisateur en affichant un message à l'écran. Pour cela il suffit de préfacer chaque ligne du message d'une commande ECHO: si un message occupe plusieurs lignes, il faut utiliser autant de commandes ECHO qu'il y a de lignes, en notant qu'un message ne peut dépasser 122 caractères par ligne. ECHO est très utile pour afficher une aide ou un menu. Voici un exemple de chaque utilisation. Pour l'aide:

```
:AIDE
echo Batch Findfile.bat
echo But: Trouver un fichier.
echo Usage: Findfile Nom_du_Fichier cherché.
```

Et pour un menu:

```
:MENU
echo Appuyez sur la touche correspondant à
echo l'option souhaitée:
echo D Dbase
echo E Excel
echo W Word
echo Q Quitter
```

On peut également utiliser ECHO pour "habiller" un menu, grâce aux caractères semi-graphiques de la table ASCII. Par exemple:

```
:MENU
echo +----------------------------------------------------------------
echo | Appuyez sur la touche correspondant à l'option souhaitée:
echo | D Dbase
echo | E Excel
echo | W Word
echo | Q Quitter
echo +----------------------------------------------------------------
```

Pour ceux qui n'ont pas de table ASCII sous la main ou qui répugnent à faire le petit travail de recherche nécessaire, voici les codes des caractères les plus utiles à la confection de ces tableaux:

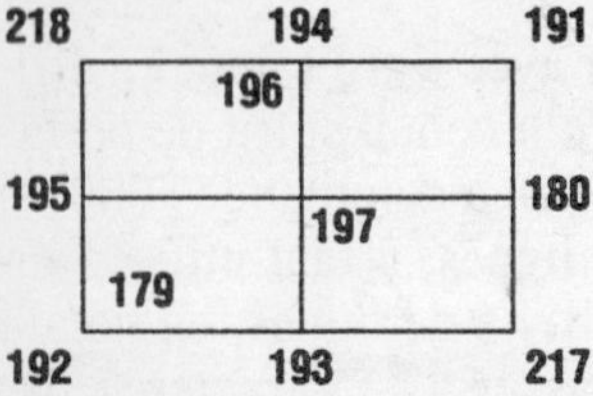

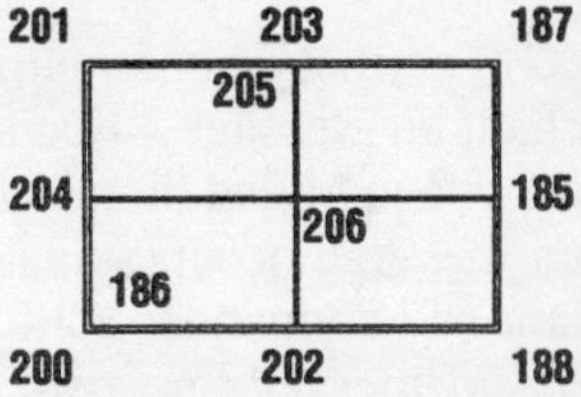

Ou encore:

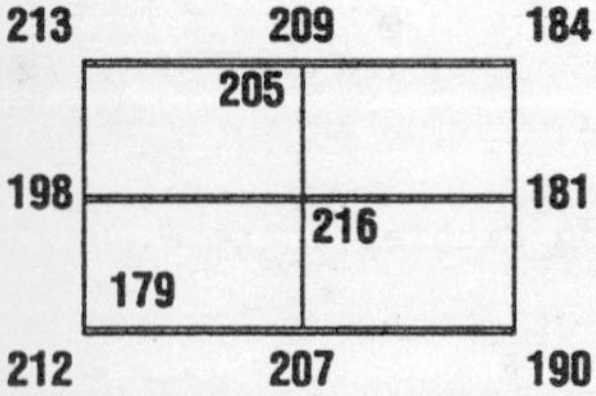

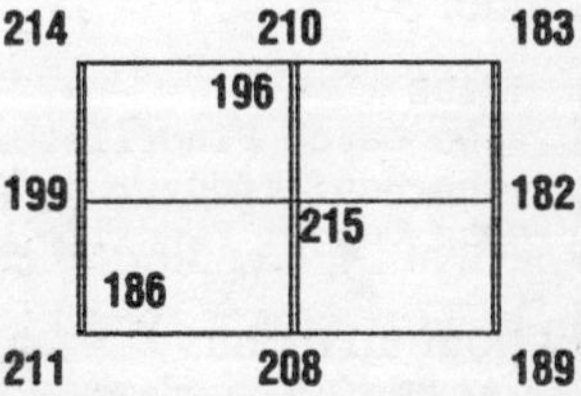

Affichage de paramètres remplaçables et de variables d'environnement

ECHO permet d'afficher les paramètres remplaçables et les variables d'environnement. On trouvera de plus amples renseignements concernant ces sujets aux chapitres qui leur sont dévolus, mais voici en deux mots ce qu'il faut en connaître:

- Les paramètres remplaçables sont tout ce que l'utilisateur tape après le nom du batch. Supposons la commande <FICHBAT *.* A:>. Le DOS appelle <%0> le premier mot tapé sur la ligne de commande, FICHBAT en l'occurrence, <%1> le premier paramètre rentré après FICHBAT, puis <%2> le deuxième, et ainsi de suite jusqu'à <%9>. Cela permet de construire des fichiers valables quels que soient les paramètres rentrés. Supposons que le batch DIRTAILL.BAT débute par le message d'accueil:

  ECHO Dirtaill présente les fichiers du répertoire triés par taille.

  La commande Dirtaill étant un peu longue à taper, l'utilisateur renommera sans doute ce fichier en quelque chose de plus bref, dt.bat par exemple. Le problème est que le message fera toujours référence à Dirtaill alors que le batch s'appelle maintenant Dt. La solution consiste à remplacer Dirtaill par <%0> dans le message, ce qui donne:

  ECHO %0 présente les fichiers du répertoire triés par taille.

  Ce qui affichera le nom correct du fichier batch, quel que soit celui-ci.

- Les variables d'environnement sont des notes laissées par le DOS ou l'utilisateur dans un petit coin de mémoire réservé à cet effet. On vérifie les variables en vigueur par la commande SET.

  On met une valeur en mémoire par SET VARIABLE=VALEUR, (exemple: <set JOUR=SAMEDI>). Cette valeur peut ensuite être récupérée dans un fichier batch pour une action quelconque, par exemple lancer un programme uniquement si l'on est samedi. ECHO peut servir à afficher la valeur de telles variables, (exemple: < ECHO %PATH% >), qui indique le chemin de recherche des fichiers exécutables. On note que l'appel à une variable d'environnement se fait en encadrant cette dernière de deux signes de pourcentage.

Ce que l'on ne peut afficher avec ECHO

Un certain nombre de possibilités sont exclues avec ECHO.

➢ *Opérateurs de redirection ou de chaînage*

Si l'on utilise par exemple ">" dans une commande ECHO, le DOS cherche à rediriger les données précédant ce symbole vers le premier nom qui suit, qu'il prend pour un fichier. Ainsi, le message:

```
ECHO L'appui sur la touche < 0 > efface tous les
ECHO fichiers
```

envoie la chaîne "L'appui sur la touche" vers le fichier "efface" et tente de prendre des ordres du fichier "0", ce qui n'est pas le résultat espéré. On tourne la difficulté, par exemple, en plaçant ces opérateurs entre guillemets, par exemple:

```
ECHO Le caractère "|" est l'opérateur de chaînage
ECHO du DOS.
```

➢ *Message commençant par "ON" ou "OFF"*

Par exemple:

```
ECHO On doit maintenant changer de disquette...
```

ne va pas car le DOS imaginerait une commande "ECHO ON". On tourne la difficulté en faisant précéder "ON" ou "OFF" d'un caractère invisible reconnu par le DOS, en l'occurrence le caractère ASCII 255, obtenu par ALT-255. Ce caractère, qui est un espace, est donc invisible.

➢ *Signe de pourcentage "%"*

On ne peut placer un tel signe dans un message affiché par ECHO, le DOS l'interprétant comme une variable. Pour le faire admettre, il faut le doubler, par exemple:

```
ECHO Patience... Le travail est effectué à 50%%
```

Programmes et précisions techniques

➢ *Créer un fichier grâce à* ECHO

Supposons qu'un fichier batch utilise un second fichier. Mieux vaut créer ce dernier soi-même à partir du premier batch plutôt que de compter sur sa présence hypothétique. Pour cela on envoie, par ECHO, des lignes de texte ou de commandes dans un second fichier grâce aux commandes de redirection du DOS. Supposons qu'à partir d'un batch on veuille créer un second fichier batch s'appelant DELBAK.BAT et comportant les ordres suivants: DIR *.BAK et DEL *.BAK. On procédera de la sorte:

```
@ECHO OFF
REM C'EST LE PREMIER BATCH
ECHO DIR *.BAK > DELBAK.BAT
ECHO DEL *.BAK >> DELBAK.BAT
REM suite du premier batch
...
```

La première commande ECHO crée DELBAK.BAT ou l'écrase s'il existait déjà, et y intègre le texte DIR *.BAK. La seconde commande ECHO y ajoute DEL *.BAK. Cette technique est à retenir. Telle qu'elle est présentée ici, elle ne permet toutefois pas d'incorporer des commandes de redirection au batch ainsi créé. On verra comment outrepasser cette limitation au chapitre consacré à COMMAND.COM.

➢ *Sauter une ligne à l'affichage*

ECHO ne sait malheureusement pas afficher des lignes vides, pourtant nécessaires à la lisibilité d'un message: si l'on se contente de placer ECHO sur une ligne vierge, le système renvoie l'état courant de ECHO. On est donc obligé de recourir à une astuce. Depuis la version 3.0 du DOS il suffit de coller l'un des huit signes +.[/"]:\ à ECHO, sans espace entre ECHO et le signe utilisé, pour obtenir une ligne vide. Le batch suivant n'affiche par exemple que les caractères précités, en sautant une ligne entre chaque caractère:

```
@echo off
echo .
echo.
echo "
echo"
echo +
echo+
echo /
echo/
echo :
echo:
echo [
echo[
echo \
echo\
echo ]
echo]
```

Avec des versions plus anciennes du DOS on obtient le même résultat en faisant suivre ECHO d'un espace et du caractère ASCII 255, obtenu comme on le sait en appuyant sur la touche Alt et en tabulant 255 sur le pavé numérique. Le caractère 255 est un espace blanc différent de l'espace traditionnel, de code ASCII 32.

On peut également faire sauter une ligne à l'imprimante, par:

```
ECHO. > PRN
```

ou rajouter une ligne blanche à un fichier par:

```
ECHO. >> FICHIER
```

➢ *Envoi de commandes à ANSI.SYS*

La commande ECHO a bien d'autres usages que ceux que nous venons de voir. On peut en particulier l'utiliser pour envoyer des codes de contrôle au gestionnaire de console ANSI.SYS.

Syntaxe:

```
ECHO ESC[commande ANSI
```

Nous allons donner immédiatement un exemple permettant d'éviter l'affichage de la commande ECHO OFF avec les versions du DOS antérieures à la 3.3. Nous en verrons d'autres exemples dans notre discussion d'ANSI.SYS au chapitre 15.

➢ *Eviter l'affichage de la commande ECHO OFF avec le DOS 3.2*

Les possesseurs d'une version du DOS antérieure à la 3.3 peuvent éviter l'affichage du message ECHO OFF en début de batch de deux façons: soit en faisant immédiatement suivre ECHO OFF de l'ordre d'effacement d'écran CLS, soit en utilisant des commandes ANSI permettant d'effacer la ligne contenant ECHO OFF, comme dans le court fichier SAN-ECHO.BAT:

```
echo off
echo ←[1A ←[K ←[2AL'affichage de Echo off a ✂
été éliminé: ça marche!
```

La deuxième ligne fait remonter le curseur d'une ligne, efface la ligne, fait remonter le curseur de deux lignes et affiche un message de succès.

Pour que cela fonctionne, il faut naturellement que le pilote ANSI.SYS ait été chargé. Pour cela il faut rajouter à son fichier CONFIG.SYS la ligne DEVICE=ANSI.SYS, ou C:\DOS\ANSI.SYS si le fichier ANSI.SYS est dans le répertoire \DOS du disque <C:>.

➢ *Affichage rapide d'un message*

Afficher un long message par ECHO prend du temps, surtout si le batch opère à partir d'une disquette. Mieux vaut créer un fichier texte reprenant le message souhaité, et l'afficher par la commande TYPE.

➢ *Emission d'un signal sonore*

On peut utiliser ECHO pour obtenir un effet sonore. La commande ECHO suivie du caractère de code ASCII 7 (< Ctrl-G >, BELL) actionne le haut-parleur et permet d'attirer l'attention de l'utilisateur, comme dans le batch suivant:

```
@echo off
echo •••• Introduisez une disquette en A:
format a:
```

➢ *Ejection d'une page sur l'imprimante*

Pour éjecter une page sur l'imprimante, il suffit d'envoyer le caractère < Ctrl-L > à cette dernière, par le fichier EJECT.BAT:

```
@echo off
rem EJECT.BAT
ECHO ^L > PRN
```

➢ *Fournir une réponse sans intervention de l'utilisateur*

On utilise souvent ECHO pour exécuter automatiquement des tâches réclamant théoriquement l'intervention de l'utilisateur. Voici comment:

➢ *Automatiser une tâche demandant que l'utilisateur réponde par oui ou non*

On y parvient de la façon suivante:

```
ECHO O > OUI.TXT
```

qui redirige la lettre "O" vers le fichier OUI.TXT. Comme ECHO place toujours un retour chariot en fin de ligne pour déplacer le curseur à la ligne suivante, OUI.TXT contient l'équivalent de la lettre "O" suivie d'un appui sur la touche "Enter". Il suffit maintenant d'utiliser le symbole de redirection "<" du DOS pour demander à une commande de prendre ses ordres non pas du clavier mais de OUI.TXT, par exemple:

```
@echo off
rem EFACETOU.BAT
echo O > oui.txt
del . < oui.txt
del oui.txt
```

Attention, n'essayez pas ce batch, donné uniquement à titre d'exemple: il effacerait tous les fichiers de votre répertoire. Remarquons au passage que l'on peut utiliser "DEL ." au lieu de "DEL *.*": le point, qui représente le répertoire courant, est en effet équivalent à "*.*".

➢ *Réponse sans fichier externe*

Une autre méthode, plus perfectionnée, permet de se passer d'un fichier externe comme OUI.TXT. On utilise pour ce faire la commande:

```
ECHO O | DEL *.*
```

Par exemple:

```
@echo off
rem EFACETOU.BAT
echo O | del *.*
```

La réponse O, pour Oui, est chaînée dans <DEL *.*>. Là encore, n'essayez pas ce fichier, qui effacerait tout votre répertoire.

Cette technique de réponse automatique permet d'utiliser XCOPY à partir d'un batch.

XCOPY, commande nettement plus puissante que COPY, s'interrompt parfois pour poser des questions et nécessite donc que l'utilisateur soit présent: si l'on utilise XCOPY pour copier une série de fichiers vers un autre répertoire ou pour copier un fichier sous un autre nom, le DOS demande si l'on désire que la copie s'effectue vers un fichier ou un répertoire, les réponses attendues étant "F" pour fichier ou "R" pour répertoire. Si la copie se fait à partir d'un fichier batch et que l'on sait quelle réponse fournir, on peut automatiser la manœuvre par la ligne:

```
ECHO F | XCOPY OLDFICH NEWFICH  ou  ECHO R |
XCOPY *.* DESTINATION
```

On peut même éliminer l'affichage des messages superflus en redirigeant ces derniers vers la destination nulle, par:

```
ECHO F | XCOPY OLDFICH NEWFICH > NUL
```

➢ *Simuler l'appui sur la touche* <*ENTER*>

Pour cela, on utilise la commande:

```
ECHO |MORE|
```

Par exemple:

```
ECHO |MORE|DATE
```

ECHO déclenche MORE, dont l'effet est de générer un retour chariot activant la commande DATE. On peut, plus simplement encore, utiliser la commande:

```
ECHO.|
```

Par exemple:

```
ECHO.|DATE
```

"ECHO." génère une ligne blanche avec passage à la ligne, donc un retour chariot. Ces astuces sont employées dans le fichier HEURDATE.BAT suivant:

```
@echo off
rem HEURDATE.BAT. Donne la date et l'heure.
echo | more | date | find "La"
echo | more | time | find "L'"
```

ou au choix:

```
@echo off
rem HEURDATE.BAT. Donne la date et l'heure.
echo. | date | find "La"
echo. | time | find "L'"
```

qui donne la date et l'heure système (Pour un DOS francisé. Pour un DOS américain, remplacer "La" et "L'" par "Curr").

On peut également créer un programme permettant de lister ou d'imprimer une série de fichiers, comme LISTIMP.BAT:

```
@echo off
rem LIST-IMP.BAT. Permet de lister ou ✂
d'imprimer une série de fichiers.
rem Utilise le fichier PRN-CON.BAT.
if %1!==! goto aide
if %2!==PRN! set dest=PRN
if not %2!==PRN! set dest=CON
for %%x in (%1) do call prn-con.bat %%x
goto end

:AIDE
echo.
echo But: Lister à l'écran ou imprimer un ✂
fichier (plusieurs si Jokers).
echo Syntaxe %0 Fichier (Jokers acceptés) [PRN]
echo Ex: %0 *.BAT listera tous les fichiers ✂
BATCH à l'écran
echo ou %0 *.* PRN imprimera tous les fichiers ✂
du répertoire.
echo.

:END
set dest=
```

qui utilise lui-même le fichier PRN-CON.BAT suivant:

```
@echo off
rem PRN-CON.BAT.
rem Est utilisé par IMP-LIST.BAT.
echo.
echo Fichier %1
echo.
if %dest%!==PRN! echo Fichier %1 > PRN
if %dest%!==PRN! echo. > PRN
if %dest%!==PRN! copy %1 PRN > NUL
if %dest%!==PRN! echo. > PRN
if %dest%!==CON! copy %1 CON
if %dest%!==CON! echo Appuyez sur une touche
if %dest%!==CON! pause > NUL
echo.
```

Chapitre 4

Suspendre l'exécution d'un batch avec **PAUSE**

Certaines opérations sont si dangereuses ou si définitives qu'il vaut mieux donner à l'utilisateur la faculté de les interrompre avant terme. D'autres, comme l'affichage d'un message, demandent parfois un délai dans l'exécution, le temps de lire et de comprendre le texte. PAUSE permet d'interrompre provisoirement un batch et donc de régler ce genre de problèmes.

Syntaxe:

```
PAUSE [Message]
```

Fonction:

Interrompt l'exécution d'un batch et peut afficher un message.

La commande PAUSE sert à stopper un fichier batch, dont l'exécution reprend seulement quand l'utilisateur appuie sur une touche. Quand PAUSE entre en action, le message suivant s'affiche:

```
Appuyez sur une touche pour continuer
```

ou

```
Press any key to continue ...
```

selon la version du DOS employée.

PAUSE est souvent utilisé pour donner à l'utilisateur le temps de lire un message, de changer de disquette, de vérifier si l'imprimante est allumée, ou d'interrompre le déroulement du batch, par exemple en cas de formatage de disquettes. Comme la plupart des commandes batch, PAUSE peut également être utilisé à partir de la ligne de commande, mais l'intérêt de la manœuvre soit loin d'être apparent.

➢ *Affichage d'un message*

On peut utiliser PAUSE en lui laissant afficher son propre message "Appuyez sur une touche pour continuer ...", par exemple:

```
@echo off
PAUSE
```

Mais on peut aussi faire précéder ce message d'un texte plus personnel. Pour cela, on place le texte désiré après PAUSE, par exemple:

```
PAUSE Changez de disquette svp...
```

Le DOS affichera alors:

```
PAUSE Changez de disquette svp...
Appuyez sur une touche pour continuer ...
```

Pour que cette manœuvre fonctionne, il faut toutefois que ECHO soit sur ON. Dans le cas contraire ce n'est pas le message personnel qui s'affiche mais le message normal "Appuyez sur une touche pour continuer ...".

➢ *Stopper l'exécution d'un fichier batch*

On dispose de deux commandes différentes pour interrompre un batch: PAUSE donne la possibilité de poursuivre l'exécution du batch si on le désire tandis que l'interruption par CTRL-C est définitive et fait sortir du batch sans autre forme de procès. La commande PAUSE peut en outre être incluse dans le batch alors que CTRL-C doit être tapé au vol par l'utilisateur, ce qui exige une personne vive possédant des doigts agiles si l'on désire stopper le batch à un endroit précis. Les commandes critiques doivent donc être précédées de PAUSE, qui laisse tout loisir d'arrêter le déroulement des opérations. Le message:

```
Arrêt du traitement par lots (O/N)? ou Terminate
batch job (Y/N)?
```

selon la version du DOS, apparaît alors. L'utilisateur a le choix entre continuer en appuyant sur N, ou stopper l'exécution de la manœuvre et sortir du batch par l'appui sur O (ou Y).

➢ *Déboguer un fichier batch avec* PAUSE

La commande PAUSE, qui stoppe momentanément l'exécution d'un programme, permet également de déboguer les fichiers batch rétifs: insérer cette commande entre chaque ligne du batch permet de découvrir à coup sûr le problème, et sans doute de le résoudre. L'exécution d'un batch commande après commande permet normalement de voir à quel moment apparaît le bogue, qui se manifeste le plus souvent par un message du type "Mauvais nom de fichier ou de commande", "Erreur de syntaxe", ou quelque chose d'approchant.

Programmes et précisions techniques

➢ *Afficher des messages de façon plus esthétique*

Utiliser PAUSE pour afficher un message utilisateur nécessite ECHO sur ON, mais dans ce cas la commande PAUSE apparaîtra à l'écran tout comme le message DOS "Appuyez sur une touche pour continuer ...". Une solution plus élégante consiste à afficher son propre message par ECHO et à supprimer le message "Appuyez sur une touche ..." provenant de PAUSE en redirigeant sa sortie vers le périphérique NUL. Par exemple:

```
@echo off
ECHO Changez de disquette, puis appuyez sur ✂
une touche svp.
PAUSE > NUL
```

L'avantage de cette méthode est d'obtenir un message sur mesures sans avoir besoin de réactiver ECHO, normalement désactivé en début de batch.

Notez que l'on pourrait également supprimer l'affichage du mot PAUSE en faisant suivre ce dernier de 5 retours arrière obtenus par ALT-8, mais cette méthode déjà vue dans les pages consacrées à la commande REM est plus lourde que celle proposée ci-dessus.

➢ *Proposer automatiquement l'arrêt d'un fichier batch*

Proposer l'arrêt d'un fichier batch est normalement laissé à la discrétion de l'utilisateur: pour obtenir le message "Arrêt du traitement par lots (O/N)?" il faut en effet que celui-ci appuie sur CTRL-C.

Or il est des cas où l'on aimerait proposer à l'utilisateur de stopper le batch, sans attendre qu'il prenne l'initiative de cette démarche. On y parvient par la très intéressante commande suivante:

```
ECHO ♥ | PAUSE
```

qui chaîne CTRL-C dans PAUSE. Le caractère ♥ de code ASCII 3, obtenu par ALT-3, représente en effet Contrôle-C, comme un rapide coup d'oeil sur la signification des codes ASCII permet de le constater. Du coup le message:

```
Arrêt du traitement par lots (O/N)?
```

s'affiche tout seul, sans aucune intervention humaine, ce qui permet de proposer automatiquement l'interruption du batch si la manœuvre en cours est susceptible d'être dangereuse.

Chapitre 5

SHIFT et les paramètres remplaçables

La plupart des fichiers batch s'exécutent au seul énoncé de leur nom, mais d'autres exigent pour fonctionner l'entrée de paramètres après le nom du batch. Certains batchs sont mixtes, c'est-à-dire exécutables d'office mais acceptant d'éventuels arguments sur la ligne de commande.

Les paramètres remplaçables

On appelle paramètre tout mot entré sur la ligne de commande. Voici quel traitement leur réserve le DOS: il affecte la valeur <%0> au premier mot rencontré, c'est-à-dire au nom du batch en ce qui nous concerne, puis la valeur <%1> au deuxième mot, etc., jusqu'à un maximum de 9. Ces paramètres, ou variables, permettent de moduler l'exécution du batch en fonction de données choisies par l'utilisateur. On remarque que le DOS précède le numéro des variables du signe de pourcentage <%>.

Supposons qu'un batch nommé DOUBLE.BAT serve à copier des fichiers dans un répertoire de façon à en conserver un double. On peut le construire de façon à ce que le premier argument indique quels fichiers copier et que le deuxième indique où les copier, grâce à la ligne "COPY %1 %2". Pour copier tous les fichiers d'extension TXT sur une disquette située en B:, on lancera l'ordre suivant: <DOUBLE *.TXT B:>. Les paramètres <*.TXT> et <B:> sont appelés remplaçables car le batch fonctionne aussi bien si l'on utilise d'autres données, par exemple <DOUBLE LETTRE*.92 A:> qui copie en <A:> tous les fichiers d'extension 92 débutant par les six caractères <LETTRE>.

Regardons ce qui se passe en pratique avec davantage de paramètres, par exemple < *.TXT >, < B: > et < /V >:

```
DOUBLE   *.TXT  B:  /V

  %0     %1     %2  %3  %4  %5  %6  %7  %8  %9
```

Pour le DOS:

- %0 représente le nom de la commande, donc %0 = DOUBLE
- %1 représente le premier paramètre, donc %1 = *.TXT
- %2 représente le deuxième paramètre, donc %2 = B:
- %3 représente le troisième paramètre, donc %3 = /V
- %4 représente le quatrième paramètre, donc %4 est vide

etc., jusqu'à %9.

Si l'on fait ensuite référence à %0 dans la suite du batch, par exemple par < ECHO Ce batch a pour nom %0 >, le DOS sait que < %0 > représente < DOUBLE >, remplace < %0 > par < DOUBLE > pour la commande ECHO et affiche "Ce batch a pour nom DOUBLE". On remarque au passage que les paramètres sont numérotés de 0 à 9 et non de 1 à 10. Cela permet d'affecter le chiffre 1 au premier paramètre entré après le nom du batch, le chiffre 2 au deuxième, etc. Voici comment est construit l'hypothétique fichier DOUBLE.BAT:

```
@echo off
rem DOUBLE.BAT
copy %1 %2 %3
```

Notons qu'un batch peut sans problème spécifier plus de paramètres qu'il n'en sera entré sur la ligne de commandes ou qu'il n'en est besoin. Le DOS ne tient pas compte des arguments non utilisés, sauf bien entendu s'ils sont nécessaires au déroulement du batch. Reprenons l'exemple de DOUBLE.BAT et supposons que ce batch soit construit de façon à autoriser jusqu'à 7 arguments:

```
@echo off
rem DOUBLES.BAT
copy %1 %2 %3 %4 %5 %6 %7
```

Seuls sont nécessaires les arguments indispensables au fonctionnement du batch. Les autres, superflus, sont utilisés s'ils sont entrés sur la ligne de commande mais n'affectent en rien l'exécution s'ils sont omis. On a donc parfois intérêt à construire ce type de batch en indiquant autant de paramètres que possible de façon à parer à toute éventualité.

Notez que l'exemple donné ici n'a d'autre intérêt que didactique, car il est plus rapide en pratique de taper COPY *.TXT A: que DOUBLE *.TXT A:!

La commande SHIFT

Le DOS ne peut utiliser que 10 paramètres remplaçables: %0, qui représente comme on l'a vu le nom de la commande elle-même, et %1 jusqu'à %9 qui représentent les arguments de cette commande. Supposons le fichier SANSHIFT.BAT suivant:

```
@echo off
rem SANSHIFT.BAT
echo Ce fichier a pour nom %0
echo Il permet d'afficher jusqu'à 9 paramètres:
echo %1 %2 %3 %4 %5 %6 %7 %8 %9
```

Testez-le en entrant plus de 9 paramètres, séparés les uns des autres par un espace. Par exemple:

```
SANSHIFT A Z E R T Y U I O P
```

Le programme se bornera à l'affichage des 9 premiers blocs entrés, c'est-à-dire uniquement des 9 lettres allant de A à O. Voici le résultat:

```
Ce fichier a pour nom sanshift A Z E R T Y U I O
```

La lettre P n'apparaît pas à l'écran. Pourquoi? Parce que seuls les neuf premiers paramètres sont pris en compte. On peut évidemment rétorquer à cela que la commande employée ne mentionnait que 9 paramètres. Qu'à cela ne tienne, reprenons notre fichier et ajoutons quelques paramètres. On obtient:

```
@echo off
rem SANSHIFT.BAT
echo Ce fichier a pour nom %0
echo Il tente d'afficher plus de 9 paramètres:
echo %1 %2 %3 %4 %5 %6 %7 %8 %9 %10 %11 %12
```

Testez-le en entrant plus de 9 paramètres, séparés les uns des autres par un espace. Par exemple:

```
SANSHIFT A Z E R T Y U I O P Q S
```

On obtiendra alors:

```
Ce fichier a pour nom sanshift A Z E R T Y U I O
A0 A1 A2
```

Le DOS a interprété les commandes ECHO %10, ECHO %11 et ECHO %12 comme une demande d'afficher %1, c'est-à-dire A, suivi de 0, 1 et 2.

Pour utiliser plus de 9 paramètres on se sert de la commande SHIFT, qui décale tous les paramètres d'un rang vers le bas: après un premier appel à SHIFT, %1 devient %0, %2 devient %1 et finalement %10 devient %9 et peut être pris en compte. Un deuxième appel à SHIFT permettrait d'utiliser %11, et ainsi de suite jusqu'à ce que tous les paramètres soient utilisés.

Notons, et c'est parfois utile, que si l'on désire décaler les paramètres de deux rangs, on peut faire deux appels successifs à SHIFT.

➢ *Utiliser plus de dix paramètres remplaçables avec SHIFT*

La commande SHIFT est très utilisée avec les commandes IF et GOTO, que nous verrons plus tard, pour créer des boucles permettant d'utiliser plus de 10 paramètres remplaçables. Introduisons la commande SHIFT dans le fichier SANSHIFT.BAT vu plus haut, pour obtenir TRYSHIFT.BAT:

```
@echo off
rem TRYSHIFT.BAT. Teste l'emploi de la ✂
commande SHIFT.
echo Ce fichier a pour nom %0
echo Il permet d'afficher autant de ✂
paramètres qu'il en existe

:BOUCLE
if %1!==! goto end
echo %1 %2 %3 %4 %5 %6 %7 %8 %9
shift
goto boucle

:END
```

La boucle traitera tous les paramètres existant sur la ligne de commande, jusqu'à ce qu'il n'y en ait plus. Essayez ce batch en entrant plus de 9 paramètres, séparés les uns des autres par un espace. Par exemple:

```
TRYSHIFT 1 2 3 4 5 6 7 8 9 A Z E R T Y U I O P
```

Le programme affichera tous les paramètres, après décalage d'un rang par ligne. Si l'on place entre crochets les paramètres dont le DOS ne tient pas compte pour le moment parce que leur nombre est supérieur à 10, voici ce que l'on obtient:

```
1 2 3 4 5 6 7 8 9   [A Z E R T Y U I O P]
2 3 4 5 6 7 8 9 A   [Z E R T Y U I O P]
3 4 5 6 7 8 9 A Z   [E R T Y U I O P]
4 5 6 7 8 9 A Z E   [R T Y U I O P]
5 6 7 8 9 A Z E R   [T Y U I O P]
6 7 8 9 A Z E R T   [Y U I O P]
7 8 9 A Z E R T Y   [U I O P]
8 9 A Z E R T Y U   [I O P]
9 A Z E R T Y U I   [O P]
A Z E R T Y U I O   [P]
Z E R T Y U I O P
E R T Y U I O P
R T Y U I O P
T Y U I O P
Y U I O P
U I O P
I O P
O P
P
```

Programmes et précisions techniques

➢ *Utilisation de* SHIFT

La création d'une boucle est très utile chaque fois que l'on doit utiliser plus de 10 paramètres. Prenons le cas d'un batch destiné à copier plusieurs fichiers sur un disque ou un répertoire. Voici COPYPLUS.BAT, qui utilise les commandes GOTO et les variables d'environnement, étudiées ailleurs. Le premier paramètre conserve en mémoire la destination où doivent être copiés les fichiers, puis une boucle permet d'épuiser tous les noms de fichiers entrés après le batch. Supposons que l'on veuille copier un certains nombre de fichiers sur une disquette placée en <A:>, la commande suivante sera parfaitement traitée, bien qu'elle comporte 11 arguments:

```
COPYPLUS A: *.doc *.txt *.bak *.wk1 *.wks ✂
*.xls *.dbf *.prg *.sty *.asc

@echo off
rem COPYPLUS.BAT permet de copier plusieurs ✂
```

```
fichiers vers un répertoire ou un disque.
echo.
if %2!==! goto msg
set dest==%1

:TOP
shift
if %1!==! goto end
copy %1 %dest% > nul
echo %1 est copié vers %dest%
goto top

:MSG
echo.
echo But: copier plusieurs fichiers en une ✂
seule opération.
echo Syntaxe: %0 Répertoire-destination ✂
Fichier1 Fichier2...FichierN.
echo.

:END
set dest=
```

Le disque ou répertoire destination est d'abord placé en variable d'environnement pour ne pas être modifié par SHIFT. Puis l'exécution passe au label TOP où un appel à la commande SHIFT permet de transformer %2 en %1, après quoi %1 est copié vers la destination. GOTO TOP permet alors de recommencer tant que %1 existe, ce que teste la ligne <IF %1!==! GOTO END> qui fait sortir de la boucle dès qu'il n'y a plus de fichier à traiter. Le reste du batch sert à habiller le moteur, l'entrée du nom du batch sans premier ou deuxième argument dirigeant vers un message d'aide.

Chapitre 6

Appliquer une commande à plusieurs fichiers avec **For .. In .. Do**

On peut facilement appliquer une même commande à plusieurs fichiers dont le nom possède des lettres communes, par exemple DEL *.BAK pour effacer tous les fichiers d'extension BAK. Mais que faire quand les noms ne présentent aucune similitude? La commande FOR .. IN .. DO permet de résoudre le problème et d'appliquer une même commande à des fichiers n'ayant rien en commun.

Syntaxe:

```
FOR %Variable IN (liste) DO commande [paramètres]
```

Fonction:

Applique une même commande aux éléments inclus dans la liste.

La commande sera appliquée à tous les éléments contenus dans la liste située entre parenthèses. Supposons que l'on désire copier tous les fichiers d'extension BAK et TXT dans le répertoire DOUBLES du disque dur <C:>, en vérifiant la copie. La variable %Variable, comme on le verra plus bas, est une lettre au choix de l'utilisateur, par exemple A. La liste sera composée des éléments à traiter, c'est-à-dire *.BAK et *.TXT. On aura ainsi le début de commande suivant:

```
FOR %%A IN (*.BAK *.TXT) ...
```

La variable %%A prendra toutes les valeurs des fichiers de la liste entre parenthèses et représentera donc successivement tous les fichiers d'extension TXT et BAK.

Il faut maintenant donner la commande à appliquer à tous ces fichiers. On a dit que l'on désirait les copier vers le répertoire DOUBLES du disque <C:>, avec vérification. On complètera donc la commande par:

```
DO COPY %%A C:\DOUBLES /V
```

ce qui fait au total:

```
FOR %%A IN (*.TXT *.BAK) DO COPY %%A ✂
C:\DOUBLES /V
```

La commande est un peu longue, mais après quelques essais, on s'aperçoit que la technique est simple. Un certain nombre de points doivent cependant être précisés:

1) La variable est représentée par un caractère alphanumérique et un seul, au choix de l'utilisateur. Ainsi <FOR %%4 IN ...> ou <FOR %%y IN ...> sont tous deux valables. L'usage tend à n'employer que des lettres pour ne pas confondre avec les paramètres remplaçables. On utilisera de préférence un "A" majuscule dans cet ouvrage, pour des raisons de lisibilité. Les commandes FOR débuteront donc par: FOR %%A IN (liste) DO COMMAND.

2) Si la commande est lancée à partir de la ligne de commande, la variable prend un seul signe de pourcentage (%A) alors que si elle est lancée d'un fichier batch elle en exige deux (%%A).

3) La variable est sensible aux majuscules et minuscules. Si l'on a utilisé %%a en début de commande il faut poursuivre par %%a et non par %%A.

4) Les commandes FOR ne peuvent être imbriquées. Ainsi:

   ```
   FOR %%A IN (liste) DO FOR %%B IN...
   ```

   est interdit.

5) Les commandes de redirection "<", ">" et "|" ne fonctionnent pas toujours. Ainsi:

   ```
   FOR %%A IN (*.*) DO ECHO %%A > LOG
   ```

   est correct, mais:

```
FOR %%A IN (*.*) DO SORT < %%A >> LOG
```

ne donnera aucun résultat.

Programmes et précisions techniques

➢ *Utiliser FOR pour appliquer plusieurs commandes à des fichiers*

Au lieu d'appliquer une seule commande à plusieurs fichiers, on peut renverser la proposition et appliquer plusieurs commandes à une seule catégorie de fichiers. On introduit pour cela des ordres DOS dans la liste entre parenthèses, comme le montre VERIFDEL.BAT, dont le moteur est constitué de la ligne:

```
FOR %%A IN (DIR PAUSE DEL) DO %%A %LISTE%
```

Le reste des commandes sert à "habiller" le batch, c'est-à-dire à vérifier l'existence et la nature des paramètres entrés sur la ligne de commande et à mettre les messages en valeur. Ces derniers s'afficheront par exemple en vidéo inverse, à condition bien entendu que le gestionnaire de console ANSI.SYS soit chargé.

```
@echo off
rem VERIFDEL.BAT
for %%X in (-h -H) do if %1!==%%X! goto aide
if %1!==! set liste=*.*
if not %1!==! set liste=%1
cls
echo.
echo                ←[7m Les fichiers suivants ✂
vont être effacés←[0m
echo.
echo                ←[7m On peut stopper la ✂
manœuvre par Ctrl-C: ←[0m
echo.
echo                                 Aide par %0 -h
FOR %%A IN (DIR PAUSE DEL) DO %%A %LISTE%
goto end
```

```
:AIDE
cls
echo.
echo But: Effacer des fichiers en vérifiant ✂
d'abord lesquels seront effacés.
echo.
echo Syntaxe: %0 Fichiers_à_effacer (Jokers ✂
admis), *.* par défaut.
echo.

:END
set liste=
```

Ce fichier permet de vérifier quels fichiers seront affectés avant de procéder à un effacement, et représente donc un excellent traitement **préventif** des accidents nécessitant normalement le recours à un utilitaire du type “UNDELETE”. Sont pris en compte le fichier ou la catégorie de fichiers indiqués comme premier paramètre, et par défaut tous. Essayez ce fichier sur un répertoire où vous aurez copié des doubles de fichiers pour tester son fonctionnement.

➢ *Créer un fichier d'aide sur les commandes DOS (nécessite DOS 5.0)*

La version 5.0 de MS-DOS propose de l'aide concernant les commandes, en appelant celles-ci suivies de l'option < /? >. Il est plus pratique de récupérer soi-même cette aide pour l'organiser dans un fichier comme on l'entend, ce que le programme AIDE.BAT permet de réaliser sans douleur:

```
@ECHO OFF
rem AIDE.BAT.
echo.
echo                       PATIENCE  ... LE FICHIER ✂
D'AIDE EST CRÉÉ ...
help > aide.txt
FOR %%A IN (c:\dos\*.exe c:\dos\*.com) DO %%A ✂
/? >> aide.txt
```

Notez que l'on peut également choisir les programmes pour lesquels on désire des informations, avec par exemple AIDEBIS.BAT:

```
@ECHO OFF
rem AIDEBIS.BAT, version limitée de AIDE.BAT.
echo.
echo                  PATIENCE  ... LE FICHIER ✂
D'AIDE EST CRÉÉ ...
help > aidebis.txt
FOR %%A IN (CALL CHKDSK COMMAND ECHO EDIT FC ✂
FIND FOR) DO %%A /? >> aidebis.txt
FOR %%A IN (GOTO IF MORE PATH PAUSE PROMPT RD ✂
REM) DO %%A /? >> aidebis.txt
FOR %%A IN (SET  SHIFT SORT XCOPY) DO %%A /? ✂
>> aidebis.txt
```

➢ *Imbriquer des commandes* FOR

En théorie les commandes FOR ne peuvent être imbriquées, et l'ordre suivant est incorrect:

```
FOR %%A IN (*.*) DO FOR %%B IN (*.BAK) DO ECHO ✂
%%A %%B
```

On peut cependant contourner la difficulté en faisant appel à un deuxième processeur de commandes par COMMAND.COM /C (cela ne fonctionne pas avec CALL), par exemple:

```
FOR %%A IN (*.*) DO COMMAND /C FOR %%B IN ✂
(*.BAK) DO ECHO %%A %%B
```

ce qui est très utile si l'on désire appliquer des commandes différentes à des fichiers différents, à preuve le fichier A-TOUS.BAT:

```
@echo off
rem A-TOUS.BAT
if %1!==! goto aide
FOR %%A IN (%1 %2 %3 %4) DO COMMAND /C FOR %%B ✂
IN (echo type pause) DO %%B %%A
goto end
```

```
:AIDE
echo But: Appliquer plusieurs commandes à ✂
différents fichiers.
echo Syntaxe: %0 Fichiers concernés
echo Ex: %0 config.sys *.bat *.doc
echo.

:END
```

Voici, comme exemple, le fichier d'imbrication TROUVTOU.BAT, qui permet de découvrir si un ou plusieurs fichiers contiennent un ou plusieurs mots:

```
@echo off
rem TROUVTOU.BAT
if %1!==! goto aide
cls
FOR %%A IN (%1) DO COMMAND /C FOR %%B IN (%2 ✂
%3 %4 %5) DO FIND "%%B" %%A
goto end

:AIDE
echo.
echo But: Découvrir dans tous les fichiers ✂
spécifiés par le premier paramètre les mots ✂
spécifiés dans les paramètres suivants.
echo Syntaxe: %0 Fichiers_à_parcourir Mot1 ✂
Mot2 .. Mot4 dont il faut vérifier la présence.
echo Ex: %0 *.bat @ECHO SHIFT REM COMMAND/C
echo.

:END
```

Il va de soi que l'on peut modifier les ordres DOS choisis (pris ici un peu au hasard: echo, type, pause) pour appliquer les actions voulues aux fichiers que l'on désire traiter.

Chapitre 7

Modifier l'exécution d'un batch avec **LABEL** *et* **GOTO**

La commande GOTO sert à interrompre l'exécution d'un bach pour la poursuivre à un endroit marqué par un LABEL. LABEL et commande GOTO marchent donc main dans la main.

Les labels (ou étiquettes)

Un label, parfois appelé étiquette, marque l'endroit où l'exécution reprendra à la suite d'une instruction GOTO. Il est matérialisé par le caractère <:> placé en début de ligne. Toute ligne d'un batch débutant par deux points est en effet considérée par le DOS comme un label. Un label occupe une ligne à lui tout seul, et débute toujours par ces deux points:

```
[1] @echo off
[2] :TOP
[3] goto suite
[4] echo Cette ligne ne s'affichera pas
[5] :SUITE
[6] echo Mais celle-ci s'affichera toujours
[7] goto top
```

Ce fichier comporte deux labels, <:TOP> et <:SUITE>, situés aux lignes 2 et 5. On ne verra jamais la ligne 4, "Cette ligne ne s'affichera pas", l'instruction GOTO SUITE ordonnant de l'éviter. Par contre on verra sans arrêt la ligne 6 "Mais celle-ci s'affichera toujours" car l'instruction GOTO TOP ordonne de reprendre l'exécution au label TOP situé en début de fichier, ligne 2. Ce batch est donc sans fin et s'exécutera jusqu'à ce que l'utilisateur l'interrompe par CTRL-C.

➢ *Construire un label*

Pour créer un label valable, il faut respecter un certain nombre de conditions:

- un label doit comporter 8 caractères au maximum;

- un label ne doit pas comporter d'espace dans son nom;
- un label doit être collé aux deux points débutant la ligne.

Un label n'est pas limité en longueur, mais le DOS ne reconnaît que ses 8 premiers caractères. Il faut donc prendre garde à ne pas utiliser de noms trop longs pouvant prêter à confusion: si l'on crée les deux labels GRANDLABEL1 et GRANDLABEL2 et que l'on donne ensuite l'ordre GOTO GRANDLABEL2, le DOS comprend seulement GOTO GRANDLAB et se rend au premier label de ce nom. Comme la recherche s'effectue toujours à partir du début de fichier, quel que soit l'endroit à partir duquel la commande GOTO est lancée, le second label ne sera jamais exécuté. Notons au passage que le DOS considère tout label comme étant en majuscules, même si on l'a spécifié en minuscules. Pour lui les labels "été" et "ETE" sont donc équivalents.

Il vaut mieux donner un nom parlant aux labels, afin de voir d'un seul coup d'oeil leur fonction: un début de boucle sera ainsi appelé TOP, BOUCLE, DEBUT, ou DEPART, une aide sera appelée AIDE ou HELP, etc.

La commande GOTO

GOTO permet d'effectuer des branchements vers d'autres parties du programme en sautant certaines instructions. On l'utilise le plus souvent en liaison avec la commande IF, que nous verrons plus loin, pour introduire des choix et faire varier l'exécution en fonction des réponses obtenues.

Syntaxe:

```
GOTO LABEL
```

Fonction:

Branche l'exécution du batch vers un label.

GOTO sert à modifier l'exécution normale d'un batch: quand le DOS rencontre un ordre GOTO suivi d'un label, il interrompt l'exécution du batch et la poursuit là où se trouve le label correspondant. En voici un exemple:

```
@echo off
if %1!==! goto aide
commandes ...
goto end
:AIDE
echo Texte d'aide
:END
```

Ce batch, qui a besoin d'un paramètre pour fonctionner, teste l'entrée de ce dernier grâce à la commande IF que nous étudierons plus loin. Si aucun paramètre n'a été fourni, c'est-à-dire si l'égalité if %1!==! est vraie, la commande GOTO AIDE ordonne un branchement vers le label AIDE où des explications sont apportées à l'usager, après quoi le batch s'achève. Si un paramètre est entré, l'égalité ci-dessus est fausse, le branchement n'a pas lieu et les commandes prévues dans le batch s'effectuent.

Dans l'exécution normale de ce batch, le message d'aide ne sera jamais affiché à cause de la commande GOTO END qui le court-circuite. Si par contre l'utilisateur omet de donner le paramètre nécessaire, ce sont les commandes qui ne sont pas exécutées car le batch se branche directement sur l'écran d'aide. Comme cet exemple le prouve, GOTO et IF sont deux commandes complémentaires.

En résumé, un label est un nom quelconque choisi par l'utilisateur. Il occupe seul une ligne et débute toujours par deux points <:>. Il n'est pas limité en nombre de caractères mais le DOS ne reconnaît que les 8 premiers d'entre eux. Si deux labels sont identiques aux yeux du DOS, seul le premier est utilisé et le second est toujours ignoré, la recherche des labels commençant toujours en début de fichier. Enfin, comme GOTO ne différencie pas les majuscules des minuscules, il n'est pas nécessaire de reprendre le label à l'identique pour cette commande.

Programmes et précisions techniques

➢ *Optimiser le batch en diminuant le nombre de tests et de labels*

Supposons un batch où l'entrée de 4 paramètres est obligatoire. Il faut commencer par tester leur existence et afficher une aide si l'utilisateur n'a pas fourni les quatre paramètres requis. Une erreur commune consiste à préfacer le batch des lignes suivantes:

```
@echo off
if %1!==! goto aide
if %2!==! goto aide
if %3!==! goto aide
if %4!==! goto aide
```

Or 4 tests, situés sur quatre lignes différentes, consomment un temps précieux. Certains rusés accéléreront l'exécution en effectuant les 4 tests sur une seule ligne par:

```
@echo off
FOR %%A IN (%1 %2 %3 %4) DO IF %%A!==! GOTO AIDE
```

ce qui dénote une bonne compréhension du langage batch. Mais le mieux et le plus rapide consiste naturellement à effectuer **un seul test sur une seule ligne,** par:

```
if %4!==! goto aide
```

Réfléchissons: si %4 n'est pas vide, hypothèse vérifiée par cette commande, c'est forcément que %1, %2 et %3 ne sont pas vides non plus! Cette “chasse au gaspi” permet de gagner sur la vitesse d'exécution.

➢ *Regrouper plusieurs batchs en un seul*

De nombreux petits fichiers batch finissent par encombrer un répertoire: la plupart du temps on renomme ces fichiers de noms courts faciles à taper, mais bientôt on ne s'y retrouve plus entre tous les fichiers z.bat, y.bat, t.bat, d.bat et autres noms monocaractères. En outre ces petits fichiers prennent de la place: même si un fichier n'occupe qu'un seul octet d'après la commande DIR, le DOS lui en alloue beaucoup plus; en fait la place est attribuée par cluster, unité multiple du secteur. Le DOS utilise les clusters pour allouer un emplacement à un fichier dans la FAT, Table d'Allocation de Fichiers. Un secteur n'occupe que 512 Ko mais la taille du cluster peut aller jusqu'à 8 192 octets. La plupart du temps un cluster occupe 1 024 octets sur une disquette et 2 048 octets sur un disque dur. Un fichier de 1 octet occupe donc au moins 2 048 octets sur un disque dur, ce qui implique un gâchis de 2 047 octets. Désagréable. Et que dire d'une multitude de petits fichiers, qui tient en réalité beaucoup plus de place que la somme de ses composants ne le laisse présumer. Un petit utilitaire écrit par mes soins en langage batch compilé permet de lister tous les fichiers dont le nom comporte certaines lettres, et calcule également l'écart entre la somme des octets des fichiers et la place qu'ils occupent réellement. Le résultat est parfois étonnant, à preuve le résultat d'une recherche sur un répertoire comportant de nombreux fichiers de petite taille:

```
Occurrences trouvées:          171 Fichiers
Représentant:                  62411 Octets
```

```
Occupant sur le disque dur:   350208 Octets
Ecart: 287797 Octets
```

Le DOS alloue au moins 2 048 octets à chacun des 171 fichiers, ce qui fait que l'écart entre taille réelle et taille occupée est proche de 290 000 octets sur un disque dur: ces 171 fichiers occupent en effet 350 000 octets au lieu de 62 000! Et encore il ne s'agit que d'un disque dont les clusters font 2048 octets. Le résultat serait absolument dramatique avec des secteurs de 8192 octets, ces fichiers occupant alors près de 1,4 Mo au lieu de 62 Ko!

On résout ce problème en utilisant un seul grand batch au lieu d'une multitude de petits. Pour cela on regroupe ces fichiers dans une structure, appelée par exemple RUN.BAT, et l'on débute le batch par GOTO %1. Il ne faut pas oublier de tester l'existence d'un paramètre par IF %1!==! GOTO AIDE, et surtout de décaler tous les paramètres remplaçables d'un cran et de vérifier les éventuels conflits de labels.

Voici un exemple de structure pour RUN.BAT:

```
@echo off
rem RUN.BAT. Regroupe plusieurs batchs au sein ✂
d'un même fichier.
if %1!==! goto aide
goto %1

:LABEL1
commandes ...
goto end

:LABEL2
commandes ...
goto end

:LABELN
commandes ...
goto end
```

```
:AIDE
message ...
:END
```

➢ *Quitter rapidement un batch*

Comme nous l'avons déjà dit, le DOS analyse un fichier batch depuis le début lorsqu'il voit une commande GOTO. Dans un long fichier, comme RUN.BAT que nous venons de décrire, la commande GOTO END utilisée pour clôturer l'exécution nécessite un certain temps pour s'accomplir. On peut accélérer le processus en remplaçant GOTO END par l'appel à un batch vide, QUIT.BAT, créé par REM > QUIT.BAT puisque quand on appelle un fichier batch sans passer par CALL, l'exécution passe à ce deuxième batch mais ne revient pas au premier. Il suffit comme ici que le batch appelé ne contienne aucune commande pour que la sortie du premier batch soit instantanée.

➢ *Tester si les paramètres concordent avec les labels*

Un programme comme RUN.BAT utilise la commande GOTO %1, mais que se passe-t-il si le paramètre entré %1 ne correspond pas à un label existant? L'idéal serait d'afficher alors un message d'aide. Le problème consiste ainsi à filtrer les entrées pour les comparer aux labels existants. On peut utiliser pour cela la structure:

```
FOR %%A IN (label1 label2 labelN) DO IF ✂
%1==%%A GOTO OK
goto aide
:OK
goto %1
:LABEL1
commandes ...
goto end
...
```

```
:LABELN
commandes ...
goto end

:AIDE
Message

:END
```

Cependant la comparaison de chaînes utilisée dans la commande FOR .. IN .. DO est sensible aux majuscules ou minuscules. Pour qu'elle fonctionne correctement, il faut toujours entrer les commandes dans la même taille de caractères ou traiter tous les cas, par exemple:

```
FOR %%A IN (label1 Label1 LABEL1 label2 Label2 ✂
LABEL2) DO IF %1==%%A GOTO OK
```

ce qui est fastidieux. Et encore n'avons nous traité que les principaux cas, sans tester des entrées improbables comme lAbEl1 ou laBEL2 puisque, d'une façon générale, une chaîne de "n" caractères donne "2 puissance n" possibilités à tester, de quoi s'occuper. On tourne facilement la difficulté en utilisant des chiffres, qui n'ont qu'une taille, et en les incorporant au nom du label. Par exemple:

```
@echo off
if %1!==! goto aide
for %%A in (1 2 ...N) do if %1==%%A goto ok
goto aide

:OK
goto %1

:1
commandes ...
goto end

:2
commandes ...
goto end

:N
commandes ...
```

```
goto end

:AIDE
echo msg ...

:END
```

Cette technique offre également l'avantage d'automatiser la création de noms pour les labels, ce qui évite de se casser la tête pour les baptiser.

➢ *Remplacer les remarques par des labels*

Quand le DOS voit un label, il ignore tout ce qui suit les deux points débutant la ligne. On peut utiliser ce fait pour commenter un batch, cette technique étant plus rapide que REM du fait que le DOS ne s'attarde pas sur les labels. Pour éviter que le début de la remarque soit confondu avec un label, il vaut mieux laisser un espace entre les deux points et le début du texte, par exemple <: Début des remarques>, ou si nécessaire un caractère blanc obtenu par ALT-255. Voir le chapitre 2, consacré à la commande REM.

Chapitre 8

Effectuer des branchements conditionnels avec **IF**

IF donne sa véritable puissance au langage batch en permettant de modifier l'exécution en fonction d'événements extérieurs. Son principe de fonctionnement est très simple: si la condition testée par IF est vraie, la commande suivante est exécutée, sinon elle ne l'est pas. IF est employé en combinaison avec EXIST et ERRORLEVEL pour tester trois types de conditions:

- si deux chaînes de caractères sont égales, par IF
- si un fichier ou un répertoire existent, par IF EXIST
- la valeur d'une variable appelée Errorlevel, par IF ERRORLEVEL

Syntaxe:

```
IF [NOT] CHAÎNE1==CHAÎNE2 COMMANDE
         IF [NOT] EXIST NOM_DE_FICHIER COMMANDE
         IF [NOT] ERRORLEVEL NOMBRE COMMANDE
```

Dans cette syntaxe, <COMMANDE> correspond à une commande quelconque.

Fonction:

Teste la validité de différentes conditions.

IF NOT teste les conditions inverses, ce qui fait en tout six possibilités différentes. Les explications valables pour IF le sont également pour IF NOT, mais inversées. Par exemple le test:

```
<IF condition COMMANDE>
```

exécute la commande si la condition est vraie, mais:

```
<IF NOT condition COMMANDE>
```

exécute la commande si la condition est fausse.

Notez que deux signes d'égalité accolés < == > sont nécessaires dans les comparaisons de chaînes: le DOS utilise en effet le signe égal employé seul < = > comme séparateur ou comme caractère d'affectation, par exemple dans la commande SET Variable=Chaîne, où "Chaîne" est affectée à la variable.

Comparaison de chaînes de caractères

L'un des usages les plus fréquents de IF consiste à tester les paramètres entrés sur la ligne de commande pour comparer des chaînes de caractères, et en particulier tester si le paramètre entré existe et s'il est conforme à la valeur que l'on attend.

➢ *Test d'existence d'un paramètre*

Si un paramètre est indispensable au bon fonctionnement du batch, il faut tester son entrée sur la ligne de commande. Le test s'effectue comme pour une comparaison de chaînes de caractères, dont nous rappelons la syntaxe:

```
IF CHAîNE1==CHAîNE2 COMMANDE
```

L'effet de la comparaison est le suivant: si les deux chaînes sont égales, la condition est vraie et la commande sera exécutée, sinon elle ne le sera pas. On verra souvent les batchs proposés dans cet ouvrage débuter par:

```
@echo off
IF %1== GOTO AIDE
```

ou plutôt:

```
@echo off
IF %1!==! GOTO AIDE
```

pour tester si un paramètre a été entré ou non sur la ligne de commande.

On remarque que l'on ne teste pas l'égalité:

```
IF %1== GOTO AIDE
```

mais

```
IF %1!==! GOTO AIDE
```

Pourquoi ajouter des points d'exclamation à la première commande? Parce que le DOS n'accepte pas de tester les chaînes vides et affiche dans ce cas une erreur de syntaxe. Il refuse d'analyser l'égalité < IF %1== >, ainsi que < IF %1==HELP > si %1 est vide. Or %1 est vide chaque fois que l'utilisateur n'entre pas de paramètre après le nom du batch.

Pour résoudre le problème il suffit d'adjoindre les mêmes caractères aux deux chaînes comparées, par exemple:

```
IF %1text==text, IF £%1==£, IF "%1"=="",
IF (%1)==(), IF %1!==!, etc.
```

Le plus clair, visuellement parlant, consiste à entourer les deux chaînes de parenthèses, comme dans IF (%1)==(); mais utiliser un seul caractère, en l'occurrence !, ménage les efforts dactylographiques. L'emploi du point d'exclamation est commode car cette touche est facilement accessible, mais l'on peut choisir tout autre caractère. Un seul écueil à éviter: il faut placer le symbole choisi du même côté des deux chaînes.

Prenons les deux commandes suivantes: (a) IF %1!==%2! et (b) IF %1!==!%2.

Si les chaînes comparées sont vides, a) et b) fonctionnent parfaitement, donnant l'égalité IF !==! qui est vraie.

Prenons maintenant le cas de chaînes identiques pour %1 et %2, par exemple TEXTE, et nous aurons (pour a) IF TEXTE!==TEXTE! qui est vrai, mais (pour b) IF TEXTE!==!TEXTE qui est faux.

La solution consiste soit à entourer les chaînes des deux côtés, par:

```
IF (%1)==() ou IF "%1"=="%2"
```

soit à placer le symbole du même côté des deux chaînes, par exemple:

```
IF %1.==%2. ou IF %1!==%2! ou IF "%1=="%2, etc.
```

➢ *Test de conformité d'un paramètre*

La plupart des batchs nécessitent l'entrée d'un paramètre précis pour fonctionner et testent en début de traitement si l'utilisateur a entré le bon paramètre. Supposons que l'on veuille afficher un message d'aide si le premier paramètre entré après le nom du batch est < help >. Il ne faut pas utiliser la commande:

```
@echo off
IF %1==help GOTO AIDE
```

mais plutôt:

```
@echo off
IF %1!==help! GOTO AIDE
```

On a vu pourquoi.

Ce test vérifie si le premier paramètre entré sur la ligne de commande est l'option < HELP >, demandant de l'aide. Si HELP n'a pas été entré par l'utilisateur, la commande GOTO AIDE ne joue pas, mais si HELP figure sur la ligne de commande comme premier paramètre, l'exécution du batch est dirigée vers le label AIDE car on se souvient que le DOS remplace %1 par le premier mot entré après le nom du fichier batch. Si l'on a entré NOMBATCH HELP, le DOS attribue <%0> au nom du batch et <%1> à <HELP>. Dans ce cas l'égalité:

```
IF help!==help!
```

est vraie et le batch se branche sur l'aide. Par contre si l'on n'a pas entré de paramètre ou si l'on a entré un paramètre fautif comme aide, l'égalité:

```
IF !==help! ou if aide!==help!
```

est fausse et le branchement sur le label AIDE n'est pas effectué.

➢ *Tester l'existence d'un fichier*

Dans sa version utilisant EXIST, IF permet de tester l'existence d'un fichier par la syntaxe:

```
IF EXIST Fichier Commande
```

qui exécute la commande si le fichier existe, et reste sans effet s'il n'existe pas. Cette commande peut servir à éviter d'écraser un fichier au cours de manipulations. Supposons qu'un batch utilise la commande:

```
DIR | SORT > LOG
```

qui trie la liste des fichiers du répertoire et l'écrit sur le fichier LOG. Que se passe-t-il si LOG existe déjà? Il est écrasé et toutes les informations qu'il contenait sont perdues. On peut éviter ce type d'erreur en testant l'existence de LOG avant de lancer la commande dangereuse, par:

```
IF EXIST LOG GOTO SUITE
DIR |SORT > LOG
:SUITE
```

On peut même alléger ce type de construction. Si l'on désire n'appeler un second batch nommé TRI que si LOG n'existe pas, au lieu de:

```
IF EXIST LOG GOTO SUITE
CALL TRI
:SUITE
```

il vaut mieux utiliser NOT qui, rajouté à IF, permettra de tester non pas l'existence d'un fichier, mais son absence. Les trois lignes ci-dessus deviennent simplement:

```
IF NOT EXIST LOG CALL TRI
```

➢ *Test d'erreur*

Certains programmes génèrent en fin d'exécution un nombre indiquant s'ils ont rencontré des problèmes ou non, par exemple: BACKUP et RESTORE, DISKCOMP, DISKCOPY, FORMAT, GRAFTABL, KEYB, REPLACE, SETVER et XCOPY. Les niveaux d'erreur, codés sur un octet seulement, vont de 0 à 255. On les nomme ERRORLEVEL, ou parfois en français codes d'erreur ou niveaux d'erreur. Une exécution sans problème génère habituellement un code d'erreur de 0, les codes utilisés en cas de problème ne sont pas standardisés.

On teste la valeur d'un niveau d'erreur par la commande:

```
IF [NOT] ERRORLEVEL VALEUR
```

Contrairement à ce qui était le cas avec les comparaisons de chaînes, IF ERRORLEVEL ne teste pas si le niveau d'erreur est égal à la valeur indiquée, mais s'il lui est supérieur ou égal. Ce point est essentiel pour bien comprendre la façon de construire les tests. Supposons la commande:

```
IF ERRORLEVEL 5 echo Le niveau d'erreur est de 5
```

Cette commande sera vraie pour tout ERRORLEVEL égal ou supérieur à 5: pour 5 elle affichera bien "Le niveau d'erreur est de 5" mais pour 210 elle continuera imperturbablement à déclarer que "Le niveau d'erreur est de 5", alors que ce n'est manifestement pas le cas. Les seules valeurs pour lesquelles le message ne sera pas affiché sera pour les ERRORLEVELS 4, 3, 2, 1 ou 0, qui sont inférieurs à 5. Pour tester une valeur et une seule, il faut donc prévoir un autre test éliminant les valeurs supérieures. La bonne construction est la suivante:

```
IF ERRORLEVEL 5 IF NOT ERRORLEVEL 6 ECHO Le ✂
niveau d'erreur est de 5
```

Programmes et précisions techniques

➢ *Rendre les fichiers batch interactifs*

Pour rendre des fichiers batch interactifs, on peut facilement fabriquer de petits programmes permettant à l'utilisateur de faire des choix, basés par exemples sur les réponses Oui/Non. Le petit script ci-dessous permet de créer un tel programme:

```
n getkey.com
a100
mov ah,0
int 16
mov ah,4c
int 21

rcx
8
w
q

```

Créez le fichier GETKEY.SCR (sauvegardé en ASCII) reprenant exactement le script, sans oublier la ligne blanche après int 21 et après Q, puis créez le programme correspondant par la commande "DEBUG < GETKEY.SCR": le fichier GETKEY.COM sera créé sur votre répertoire.

GETKEY permet de demander à l'utilisateur de taper sur une touche, à laquelle sera associée un niveau d'erreur que l'on pourra tester. On peut utiliser cette possibilité ainsi pour créer un menu:

```
@echo off

:TOP
getkey
if errorlevel 112 GOTO top
if errorlevel 111 GOTO oui
if errorlevel 110 GOTO non
if errorlevel 80 GOTO top
if errorlevel 79 GOTO oui
if errorlevel 78 GOTO non
goto end

:OUI
echo oui
goto end

:NON
echo non
goto end

:END
```

On remarque qu'il faut tester les valeurs correspondant à des entrées en majuscules et en minuscules. Pour cette raison on peut préférer un programme convertissant toutes les entrées en minuscules, comme GTALLMIN.SCR:

```
n gtallmin.com
a 100
mov ah,0
int 16
or al,20
mov ah,4c
int 21

rcx
a
w
q
```

Ce programme permet de limiter les tests aux ERRORLEVELS correspondant aux lettres minuscules: que l'on tape < a > ou < A >, on testera seulement l'ERRORLEVEL 97.

```
@echo off

:TOP
gtallmin
if errorlevel 112 GOTO TOP
if errorlevel 111 GOTO oui
if errorlevel 110 GOTO non
if errorlevel 109 GOTO TOP
goto end

:OUI
echo oui
goto end

:NON
echo non
goto end

:END
```

Pour les inconditionnels des majuscules, le programme suivant permet de n'effectuer le test que pour les majuscules: que l'on tape < a > ou < A >, il faudra tester l'ERRORLEVEL 65.

```
n upper.com
a 100
mov ah,0
int 16
mov al,df
mov ah,4c
int 21

rcx
a
w
q
```

Il sera employé ainsi:

```
@echo off

:TOP
upper
if errorlevel 80 GOTO TOP
if errorlevel 79 GOTO oui
if errorlevel 78 GOTO non
goto end
```

```
:OUI
echo oui
goto end

:NON
echo non
goto end

:END
```

Enfin le programme suivant, plus sophistiqué, permet d'associer à chaque lettre un niveau d'erreur correspondant simplement à sa place dans l'alphabet. Il est indifférent que la lettre introduite soit majuscules ou minuscules. De plus le programme boucle tant que l'on n'a pas frappé une touche valide (on peut échapper à ce cycle en frappant sur une des touches prévues ou en appuyant sur la touche ESCAPE).

```
n errtouch.com
a 100
mov ah,08
int 21
cmp al,1b
je 11e
cmp al,7a
ja 102
cmp al,60
jbe 114
and al,df
jmp 11c
cmp al,5a
ja 102
cmp al,41
jb 102
and al,3f
mov ah,4c
int 21

rcx
22
w
q
```

En voici un exemple d'utilisation:

```
@echo off

:TOP
errtouch
if errorlevel 27 goto END
if errorlevel 6 goto aide
if errorlevel 5 goto E
if errorlevel 4 goto D
if errorlevel 3 goto C
if errorlevel 2 goto B
if errorlevel 1 goto A

:E
echo lettre e
goto top

:D
echo lettre d
goto top

:C
echo lettre c
goto top

:B
echo lettre b
goto top

:A
echo lettre a
goto top

:AIDE
echo tapez une lettre de A à Z  (et Esc pour ✂
sortir)
goto top

:END
```

➢ *Accélérer l'exécution de la commande* IF

On peut accélérer l'exécution de IF en plaçant plusieurs tests sur la même ligne. Au lieu des trois lignes suivantes:

```
if %1!==bak! del %1
if %1!==old! del %1
if %1!==txt! del %1
```

on peut utiliser une seule ligne:

```
IF %1!==BAK! IF %1!==OLD! IF %1!==TXT! DEL %1
```

ou une seule commande sur une seule ligne:

```
FOR %%A IN (*.BAK *.OLD *.TXT) DO IF ✂
%1!==%%A! DEL %1
```

➢ *Vérifier si un nom correspond à un fichier ou à un répertoire*

Il est parfois important de vérifier si un nom correspond à un fichier ou à un répertoire, par exemple quand on effectue une copie. Or IF ne prévoit pas de test d'existence des répertoires. On peut penser à utiliser la commande IF EXIST %1*.* pour vérifier si %1 correspond à un répertoire. Malheureusement cela ne fonctionne pas si le répertoire en question est vide. Le fichier FICH-DIR.BAT résout élégamment le problème:

```
@echo off
rem FICH-DIR.BAT
if %1!==! goto aide
if exist %1 goto fichier
if exist %1\nul goto répertoire
if %1!==\! goto répertoire
echo.
echo %1 n'existe pas
echo.
goto end

:FICHIER
echo.
echo %1 est un fichier.
echo.
goto end

:REPERTOIRE
echo.
echo %1 est un répertoire.
echo.
goto end

:AIDE
echo.
echo But: Voir si un nom est un fichier, un ✂
répertoire, ou n'existe pas.
echo Syntaxe: %0 [Chemin]Nom à analyser.
```

```
echo Ex: %0 \Autoexec.bat
echo.

:END
```

Ce batch utilise le fait que IF accepte de tester l'existence des périphériques NUL, PRN et CON. On peut donc savoir si un répertoire même vide existe en y vérifiant la présence de l'un de ces dispositifs.

➢ *Savoir si ANSI.SYS est actif*

Voici deux petits batchs, ANSI-1.BAT et ANSI-2.BAT, proposant des exemples d'utilisation de IF. Ils permettent de savoir si ANSI.SYS est actif, ce qui est important car nombre des utilitaires proposés dans cet ouvrage utilisent ce pilote pour reconfigurer les touches du clavier ou améliorer l'affichage. Le premier batch utilise une option de FIND apparue avec le DOS 5.0, le second fonctionne également avec les versions antérieures du DOS. Pour savoir si ANSI.SYS est actif ou non, ces batchs recherchent si CONFIG.SYS fait référence à ANSI.SYS. Dans la négative ANSI n'est pas chargé et l'on en avertit l'utilisateur. Si CONFIG.SYS mentionne ANSI, on vérifie que la ligne chargeant ce pilote n'est pas désactivée par "REM". Si ce n'est pas le cas c'est qu'ANSI est actif.

Voici la version utilisable sous MS-DOS 5.0:

```
@echo off
rem ANSI-1.BAT
rem Fonctionne uniquement avec la version 5.0 ✂
du DOS.
find /I "ansi"< \config.sys > !a!
find /I /V "rem" < !a! > !a!
copy !a! !b! > nul
if not exist !b! echo ANSI.SYS n'est pas ✂
actif. Modifiez Config.sys.
del !?!
```

Et voici le fichier utilisable avec toute version du DOS:

```
@echo off
rem ANSI-2.BAT. Fonctionne avec les versions ✂
antérieures du DOS.
find "ansi" < \config.sys > !a!
find "Ansi" < \config.sys >> !a!
find "ANSI" < \config.sys >> !a!
find /V "rem" < !a! > !a!
find /V "Rem" < !a! >> !a!
find /V "REM" < !a! >> !a!
copy !a! !b! >nul
if not exist !b! echo ANSI.SYS n'est pas ✂
actif. Mofifiez CONFIG.SYS.
del !?!
```

Ces fichiers utilisent une des propriétés cachées de COPY, à savoir que cette commande ne copie pas les fichiers de longueur nulle. On recherche la mention de la chaîne ANSI dans CONFIG.SYS, et l'on dirige le résultat de cette recherche vers un fichier. On copie ensuite ce fichier sous un autre nom et l'on teste l'existence de ce deuxième fichier. Si la recherche de la chaîne ANSI n'a donné aucun résultat, le premier fichier est de taille nulle et le second fichier ne peut être créé par COPY. Il n'existe donc pas et nous permet d'affirmer que CONFIG.SYS ne fait pas mention d'ANSI.SYS. Les noms donnés aux fichiers temporaires, !a! et !b!, sont suffisamment improbables pour ne pas risquer d'écraser un fichier existant.

➢ *Connaître la valeur ASCII des touches du clavier*

Le batch qui suit est intéressant à plus d'un titre: il permet de connaître immédiatement le code ASCII d'une touche sans avoir à se référer à une table. Ce code, qui correspond au niveau d'erreur retourné par ces touches, permet de construire facilement des menus avec un programme comme GETKEY.COM, également fourni ici. Observez la logique de construction de ce batch, qui mérite une étude approfondie.

Le problème est le suivant: un programme, GETKEY.COM en l'occurrence, va générer un code d'erreur à l'appui d'une touche. Tout ce que l'on sait de ce code, c'est qu'il est compris entre 0 et 255 et qu'il retourne une valeur vraie quand on le compare à un chiffre auquel il est supérieur ou égal.

Soit X l'inconnue représentée par le niveau d'erreur. On pourrait évidemment déterminer la valeur de X par une série de comparaisons du type:

```
if errorlevel 255 echo X=255
if errorlevel 255 goto end
if errorlevel 254 echo X=254
if errorlevel 254 goto end
if errorlevel 253 echo X=253
if errorlevel 253 goto end
...........................
if errorlevel 1 echo X=1
if errorlevel 1 goto end
if errorlevel 0 echo X=0
:end
```

Evidemment fastidieux ... Remarquez au passage qu'une fois "X" déterminé, on est obligé de sortir des tests par GOTO END, car le test étant vrai non seulement quand ERRORLEVEL est égal à la valeur comparée, mais aussi quand il lui est supérieur, on obtiendrait une valeur vraie pour tous les chiffres inférieurs. C'est également pour cette raison que les tests vont du chiffre le plus élevé au chiffre le plus bas.

On peut améliorer ce batch en évitant tous les appels à GOTO END. Pour cela, on teste sur la même ligne si l'errorlevel est vrai pour une valeur, mais faux pour la valeur immédiatement supérieure: si X est à la fois supérieur ou égal à 5 et inférieur ou égal à 6, c'est que X vaut 5. Voici ce batch:

```
if errorlevel 255 echo X=255
if errorlevel 254 if not errorlevel 255 echo ✂
```

```
X=254
if errorlevel 253 if not errorlevel 254 echo ✂
X=253
..............................
if errorlevel 1 if not errorlevel 2 echo X=1
if errorlevel 0 if not errorlevel 1 echo X=0
```

Il comporte deux fois moins de lignes que le précédent et s'exécute beaucoup plus rapidement. Mais on peut encore faire mieux, grâce à ASCII.BAT.

Les ERRORLEVELS s'arrêtant à 255, il nous faut réserver un traitement spécial aux chiffres dépassant 199. Nous allons d'abord nous occuper des chiffres allant de 0 à 199, et commencer par tester combien l'ERRORLEVEL généré par la touche sélectionnée comporte de centaines, 0 ou 1, par:

```
FOR %%A IN (0 1) DO IF ERRORLEVEL %%A00 SET X=%%A
```

Nous allons ensuite voir combien ce chiffre comporte de dizaines, par:

```
FOR %%A IN (0 1 2 3 4 5 6 7 8 9) DO IF ✂
ERRORLEVEL %X%%%A0 SET X=%X%%%A
```

Nous pouvons cerner maintenant si le chiffre est compris entre 0 et 190. Poursuivons l'étude jusqu'à 240, par:

```
FOR %%A IN (0 1 2 3 4) DO IF ERRORLEVEL 2%%A0 ✂
SET X=2%%A
```

Vérifions ensuite le nombre d'unités de X, par:

```
FOR %%A IN (0 1 2 3 4 5 6 7 8 9) DO IF ✂
ERRORLEVEL %X%%%A SET X=%X%%%A
```

On connaît maintenant X s'il est compris entre 0 et 249, mais sa valeur peut être comprise entre 250 et 255. Vérifions:

```
FOR %%A IN (0 1 2 3 4 5) DO IF ERRORLEVEL ✂
25%%A SET X=25%%A
```

La valeur exacte de X est maintenant connue avec certitude. Prenons comme exemple la touche "£", de code ASCII 156, pour étudier le fonctionnement pratique de ce batch. Voyez toutes les valeurs successives prises par l'inconnue X:

```
FOR %%A IN (0 1) DO IF ERRORLEVEL %%A00 SET X=%%A
Test effectué: 156 >= 100? Réponse oui, alors X=1
-------------> X=1 (100)

FOR %%A IN (0 1 2 3 4 5 6 7 8 9) DO IF ✂
ERRORLEVEL %X%%%A0 SET X=%X%%%A
Tests effectués: 156 >= 150? Réponse oui, alors
X=15 -----------> X=15 (150)

FOR %%A IN (0 1 2 3 4) DO IF ERRORLEVEL 2%%A0 ✂
SET X=2%%A
Test effectué: 156 <= 200? Réponse oui, alors
X=15 -------------> X=15 (150)

FOR %%A IN (0 1 2 3 4 5 6 7 8 9) DO IF ✂
ERRORLEVEL %X%%%A SET X=%X%%%A
Test effectué: 156 >= 156? Réponse oui, alors
X=156 ------------> X=156

FOR %%A IN (0 1 2 3 4 5) DO IF ERRORLEVEL ✂
25%%A SET X=25%%A
Test effectué: 156 >= 250? Réponse non, alors
N=156 ------------> X=156

echo Le code ASCII de la touche pressée est: 156
```

Voici la version "habillée" du batch ASCII.BAT, qui permet de vérifer successivement autant de touches que désiré et de sortir de cette boucle par l'appui sur ESCAPE:

```
@echo off
rem ASCII.BAT
rem Indique le code ASCII d'une touche d'après ✂
l'errorlevel généré par GetKey
cls
set X=
echo.
```

```
echo Indique le code ASCII de toute touche. ✂
Sortie du programme par ESCAPE
echo.

:TOP
echo.
echo Appuyez sur une touche:
getkey
for %%a in (0 1) do if errorlevel %%a00 set X=%%a
for %%a in (0 1 2 3 4 5 6 7 8 9) do if ✂
errorlevel %X%%%a0 set X=%X%%%a
for %%a in (0 1 2 3 4) do if errorlevel 2%%a0 ✂
set X=2%%a
for %%a in (0 1 2 3 4 5 6 7 8 9) do if ✂
errorlevel %X%%%a set X=%X%%%a
for %%a in (0 1 2 3 4 5) do if errorlevel ✂
25%%a set X=25%%a
if not %X%==027 echo Le code ASCII de cette ✂
touche est: %X%
if %X%==027 echo Le code ASCII de cette touche ✂
est: 027. Au revoir!
if not %X%==027 goto top
goto end

:END
echo.
set X=
```

On a indiqué plus haut comment obtenir Getkey, utilisé ici pour générer l'errorlevel correspondant à l'appui sur une touche du clavier. Rappelons-le brièvement. Il suffit de rentrer les ordres suivants sous DEBUG:

```
n getkey.com
a100
mov ah,0
int 16
mov ah,4c
int 21

rcx
8
w
q
```

Chapitre 9

Appeler un batch d'un autre batch avec **CALL**

CALL est une commande très utile qui sert à interrompre un batch pour lancer un autre batch, et revient ensuite exécuter le premier au point où on l'avait interrompu.

Syntaxe:

```
CALL FICHIER-BATCH [Paramètres]
```

Fonction:

Appelle un batch à partir d'un autre batch.

Si l'on appelle un batch d'un autre batch sans passer par la commande CALL, l'exécution passe à ce dernier mais le contrôle ne revient pas au batch appelant, dont le reste des instructions n'est pas exécuté. CALL, qui a été introduit avec la version 3.3 du DOS, permet d'appeler un autre fichier batch puis de reprendre le premier au point d'interruption une fois les instructions du deuxième exécutées.

Il est **important** de noter que l'on peut communiquer des paramètres au batch appelé par la commande CALL. Prenons la commande suivante:

```
CALL BAT2 *.OLD *.BAK
```

Pour le batch appelé BAT2, *.OLD correspond à %1 et *.BAK à %2.

On obtient à peu près l'effet de CALL avec les versions du DOS antérieures à la 3.3 en appelant un second processeur de commande par COMMAND /C. L'inconvénient de cette manœuvre par rapport à CALL est qu'elle est plus lente, que le DOS ne gère pas l'état de ECHO et donc qu'il faut débuter le nouveau fichier par @ECHO OFF si l'on ne désire pas que ses commandes s'affichent, et surtout qu'il est impossible de conserver les éventuelles modifications apportées dans l'environnement durant l'exécution de ce deuxième batch: l'environnement maître redevient le même qu'avant l'appel au second fichier batch. L'environnement sera traité plus en détail au chapitre 14.

Programmes et précisions techniques

➢ *Construction de sous-routines*

CALL est très utile pour créer des sous-routines, et par exemple appliquer plusieurs commandes à des fichiers dans une boucle FOR .. IN .. DO qui normalement ne permet d'utiliser qu'une seule commande à la fois. Par exemple:

```
FOR %%A IN (*.BAK *.OLD) DO DEL %%A
```

efface tous les fichiers d'extension OLD et BAK. Supposons qu'avant de détruire ces fichiers on désire les lister à l'écran. On emploiera alors un autre fichier batch contenant les ordres "MORE < %1", "PAUSE" et "DEL %1", que l'on appellera par CALL. Voici comment, grâce à FICHBAT1:

```
@echo off
rem FICHBAT1. Utilise FICHBAT2 pour lister des ✂
fichiers avant effacement.
echo Nettoyage de vieux fichiers.
FOR %%A IN (*.BAK *.OLD) DO CALL FICHBAT2 %%A
```

Qui utilise le fichier FICHBAT2 suivant:

```
@echo off
rem FICHBAT2. Est utilisé par FICHBAT1.
more < %1
echo %1 sera effacé si vous appuyez sur une ✂
touche, mais
echo vous pouvez stopper la manœuvre par Ctrl-C.
pause > nul
del %1
```

En voici une version plus habillée, VISIODEL.BAT, utilisable pour visionner et effacer tout type de fichier:

```
@echo off
rem VISIODEL.BAT
rem Utilise le fichier VDEL.BAT
echo Nettoyage de vieux fichiers.
FOR %%A IN (%1 %2 %3 %4 %5 %6 %7 %8 %9) DO ✂
CALL VDEL %%A
```

Qui utilise le fichier VDEL.BAT suivant:

```
del %1
@echo off
rem VDEL.BAT
rem Est utilisé par VISIODEL.BAT
cls
echo Appuyez sur une touche pour visionner le ✂
fichier %1.
pause > nul
more < %1
rem cls
echo.
echo.
echo.
echo←[7m%1 va être effacé. Pour ne PAS ✂
l'effacer, appuyez sur CTRL-C.←[0m
pause >nul
del %1
```

Les codes ANSI ←[7m et ←[0m servent à afficher le message en vidéo inverse afin de le mettre en valeur.

Chapitre 10

Accélérer l'exécution d'un batch

Un batch est agréable à utiliser s'il fonctionne rapidement. Comme son temps d'exécution dépend pour beaucoup du nombre de lignes qu'il contient, l'idéal consiste à limiter ce nombre. On utilise pour cela divers procédés techniques, étudiés dans ce chapitre.

➢ *Supprimer les commentaires*

Il y a deux façons de supprimer les commentaires inutiles ou d'éviter que le DOS s'aperçoive qu'ils existent.

La première consiste à remplacer la commande REM utilisée pour documenter un batch par de faux labels, c'est-à-dire des lignes débutant par deux points < : > suivis d'un blanc. Le DOS ignore les labels tant que ceux-ci ne sont pas appelés par une commande GOTO. Cette technique a été développée au chapitre 2 consacré à la commande REM, auquel on se reportera.

La seconde est plus radicale et plus rapide encore: elle consiste à supprimer les messages d'aide normalement affichés par ECHO, pour les placer dans un fichier séparé. Ce fichier est alors appelé par TYPE, ce qui rend leur affichage très rapide. On peut améliorer encore la technique en utilisant un fichier transformé en exécutable par un utilitaire du domaine public comme ceux accompagnant l'ouvrage publié sous ma plume chez Marabout sous le titre "L'Indispensable pour les Utilitaires du Domaine Public", MS 931. L'affichage se fera alors à la vitesse de l'éclair.

➢ *Réunir les commandes dans une boucle FOR*

Un fichier batch est lu puis exécuté ligne à ligne. Plus il est long et comporte de lignes, plus son temps d'exécution est élevé. Pour réduire ce dernier une technique très utile consiste à rassembler toutes les commandes dans une liste unique appelée par FOR .. IN .. DO, au lieu de les égrener une à une. Cette technique est généralement peu employée parce que l'on n'y pense pas. Supposons qu'un AUTOEXEC.BAT débute par:

```
WATCH
NEWKEYS
PWK
QUICKBD
SUPERPCK
MOUSE
UV
ANARKEY
D:
```

Cette énumération est très avantageusement remplacée par:

```
FOR %%A IN (WATCH NEWKEYS PWK QUICKBD SUPERPCK ✂
MOUSE UV ANARKEY D:) DO %%A
```

et les 9 lignes se ramènent à une seule.

➢ *Sortir rapidement d'un batch*

Rappelons que le DOS, lorsqu'il recherche un LABEL à la suite d'une commande GOTO, effectue sa recherche à partir de la première ligne du fichier batch et lit les lignes une à une à la recherche du LABEL désiré. Si le batch est court la manœuvre est rapide, mais s'il comporte de nombreuses lignes, l'attente peut s'avérer pénible. On peut court-circuiter le DOS d'une façon élégante et rapide, déjà évoquée dans un chapitre précédent, pour sortir d'un batch: au lieu d'utiliser GOTO END, on appelle un autre batch ne contenant aucun ordre. Le contrôle ne revenant pas au batch appelant, cela équivaut à sortir du premier batch. Le batch vide, nommé par exemple QUIT.BAT, peut facilement être créé par REM > QUIT.BAT. Ce fichier de 0 octet n'occupe pas de place sur le disque dur.

➢ *Exécuter les batchs à partir d'un disque virtuel*

Le DOS accède aux données situées sur un disque virtuel créé en mémoire électronique infiniment plus rapidement qu'à celles stockées sur un disque dur ou surtout sur une disquette. On a donc intérêt à exécuter ses batchs à partir d'un RAM disque, l'exécution étant significativement plus rapide. Pour cela il faut rajouter dans CONFIG.SYS une ligne permettant de créer un disque virtuel. Il faut aussi modifier son AUTOEXEC.BAT pour intégrer dans le PATH le disque virtuel et copier sur ce dernier l'ensemble des fichiers batch contenus dans le répertoire BAT. Par exemple:

Rajoutez à CONFIG.SYS la ligne suivante (RAMDRIVE.SYS est supposé se trouver dans le répertoire DOS du disque C:):

```
DEVICE=C:\DOS\RAMDRIVE.SYS 1024 512 128 /E
```

qui crée en mémoire étendue (grâce à l'option /E) un disque d'1 Mo (diminuez le chiffre 1024 si vous désirez une taille plus petite), comportant des secteurs de 512 octets et admettant 128 entrées dans le répertoire principal. Si vous avez déjà plusieurs disques durs, vérifiez que la commande LASTDRIVE fait place au disque nouvellement créé, en sachant que si cette commande ne figure pas dans CONFIG.SYS, sa valeur par défaut est < E: >. Une modification de LASTDRIVE ne vous concerne donc que si vous avez déjà 5 disques ou partitions logiques.

Rajoutez ensuite le nom du nouveau disque au PATH dans votre AUTOEXEC.BAT: il prend le premier nom suivant celui du dernier disque dur: < D: >, si vous n'avez qu'un disque < C: >. Supposons que votre PATH soit le suivant:

```
PATH=C:\;C:\DOS;C:\UTIL;C:\BAT;C:\WORD
```

Rajoutez, en début de PATH pour en rendre l'accès plus rapide, votre nouveau disque < D: >:

```
PATH=D:\;C:\;C:\DOS;C:\UTIL;C:\BAT;C:\WORD
```

Pour finir rajoutez la ligne suivante dans votre AUTOEXEC.BAT, pour copier l'ensemble de vos fichiers batch sur le disque < D: >, en admettant que ces fichiers batch soient contenus dans le répertoire BAT du disque < C: >:

```
XCOPY C:\BAT\*.* D:
```

et le tour est joué.

➢ *Comment conclure un fichier batch*

Certains fichiers batch génèrent un double prompt quand ils reviennent en DOS. Quand on sort d'un batch et que l'on voit:

```
G:\LIVRES\BATCHS
G:\LIVRES\BATCHS -
```

Cela est disgrâcieux et ça ne fait pas très "pro". Un seul prompt suffirait largement à notre bonheur. Ce phénomène de double PROMPT apparaît quand le concepteur du batch ne met **pas** ECHO sur OFF et que la dernière ligne finit par le couple CR-LF, c'est-à-dire retour chariot et avance ligne. On peut essayer de contourner le problème en supprimant cette séquence CR-LF, par exemple en ajoutant CTRL-Z à la fin de la dernière ligne, mais un problème se pose quand le fichier finit par un label: la ligne précédant le label est alors exécutée deux fois. On résout définitivement toutes ces difficultés en faisant précéder le label de la commande GOTO label.

On rencontre également un problème quand la dernière ligne est destinée à effacer le fichier batch dont elle fait partie, un message d'erreur apparaissant alors.

Chapitre 11

Les messages d'erreur des fichiers batch

Une erreur dans un fichier batch provoque un message d'avertissement du DOS. Savoir à quoi ce dernier correspond facilite beaucoup le déboguage. Voici donc les principaux messages d'errreur et leur signification.

```
Arrêt du traitement par lots (O/N)? / Terminate
batch job (Y/N)?
```

Ce message n'est pas un message d'erreur mais provient d'une tentative d'arrêt par appui sur les touches CTRL-C.

Bizarrement, ce message apparaîtra parfois dans les batchs proposés dans cet ouvrage à un moment où l'utilisateur n'a pas manifesté le désir d'interrompre le déroulement des opérations. Rien que de très normal, pourtant: c'est que l'appui sur CTRL-C a été simulé, le batch proposant de lui-même l'arrêt d'une manœuvre potentiellement dangeureuse si elle a été lancée inconsidérément.

```
Erreur de syntaxe / Syntax error
```

Cette erreur provient normalement d'une faute d'inattention, le plus souvent l'omission d'un second signe d'égalité dans une comparaison de chaînes, ou l'utilisation d'une chaîne vide. Pour corriger cette erreur il suffit de réparer l'omission.

➢ *Omission d'un signe d'égalité*

IF PARAM1!==PARAM2! exige **deux** signes d'égalité, le DOS utilisant le simple signe d'égalité comme séparateur ou pour affecter une chaîne à une variable, comme dans: SET VAR=CHAINE.

➢ *Utilisation d'une chaîne vide*

IF PARAM1==PARAM2 engendre une erreur de syntaxe chaque fois que l'un des deux paramètres est vide.

Pour pallier ce problème on rajoute un même caractère aux deux chaînes de façon à ce qu'elles ne soient jamais vides. La commande ci-dessus devient donc: IF PARAM1!==PARAM2!

```
Espace d'environnement insuffisant / Out of ✂
environment space
```

Une modification de l'environnement s'est heurtée à un défaut de place. Il faut augmenter l'espace alloué aux variables d'environnement en incluant dans son fichier CONFIG.SYS la commande:

```
SHELL=COMMAND.COM /P /E:Nombre.
```

où Nombre, mesuré en octets, peut aller jusqu'à 32.768. Le paramètre /P est important: en son absence, AUTOEXEC.BAT ne serait pas exécuté.

```
Etiquette introuvable / Label not found
```

Une commande GOTO fait référence à un label inexistant, causant l'arrêt du batch et l'apparition de ce message d'erreur. La solution consiste bien évidemment à rajouter le label manquant, dû à un oubli, ou à rectifier une éventuelle faute d'orthographe.

```
Fichier Batch manquant / Batch file missing
```

Le DOS ne parvient plus à trouver le fichier batch en cours pour en continuer l'exécution. La cause la plus probable est que le batch a été effacé ou renommé. Cette erreur peut également provenir d'une modification du PATH ou du fait que le batch a changé de répertoire durant son exécution et ne parvient plus à retrouver le fichier-origine, situé dans un répertoire non inclus dans le PATH.

```
FOR ne peut être imbriqué / For cannot be nested
```

Il est interdit d'imbriquer deux commandes FOR .. IN .. DO l'une dans l'autre. La commande:

```
FOR %%A IN (liste) DO FOR %%B IN (liste2) DO ...
```

est illégale, mais peut être remplacée par:

```
FOR %%A IN (liste) DO COMMAND /C FOR %%B IN ✂
(liste2) DO ...
```

```
Impossible de lancer COMMAND.COM, sortie / Cannot
start Command, exiting
```

Le DOS ne parvient pas à ouvrir COMMAND.COM parce que trop de fichiers sont déjà ouverts. Ce type d'erreur peut survenir quand on appelle un second processeur de commandes par COMMAND /C. La solution consiste à augmenter dans CONFIG.SYS le nombre de fichiers pouvant être simultanément ouverts, par la commande FILES=Nombre. Le chiffre 20 est considéré comme normal, mais peut être insuffisant dans certains cas. Notez que le lancement de programmes résidents avec la technique " > NUL " évitant l'affichage de messages à l'écran, par exemple PTSCREEN > NUL, utilise définitivement une poignée de fichier (handle) et peut conduire à devoir augmenter FILES.

Chapitre 12

Comprendre et utiliser les symboles du DOS

Le DOS utilise un certain nombre de signes, comme commandes ou pour séparer et accompagner d'autres commandes. Voici ces symboles:

<table>
<tr><th>SYMBOLE</th><th>FONCTION</th></tr>
<tr><td>@</td><td>Empêcher l'affichage d'une ligne</td></tr>
<tr><td>+</td><td>Concaténation de fichiers</td></tr>
<tr><td>></td><td>Redirection des sorties d'un programme avec création de fichier</td></tr>
<tr><td>>></td><td>Redirection des sorties d'un programme avec ajout à un fichier</td></tr>
<tr><td><</td><td>Redirection des entrées d'un programme</td></tr>
<tr><td>|</td><td>Enchaînement de deux programmes, le second utilisant le premier</td></tr>
<tr><td>:</td><td>Label utilisé par la commande GOTO</td></tr>
<tr><td>+.[/"]:\</td><td>Permettent de créer une ligne blanche quand ils suivent ECHO</td></tr>
<tr><td>==</td><td>Egalité de chaîne, avec la commande IF</td></tr>
<tr><td>=</td><td>Séparateur de caractères, affectation de valeur à une variable</td></tr>
<tr><td>*</td><td>Caractère générique remplaçant une chaîne de caractères</td></tr>
<tr><td>?</td><td>Caractère générique remplaçant un seul caractère</td></tr>
<tr><td>%1 à %9</td><td>Paramètres remplaçables</td></tr>
<tr><td>%A et %%A</td><td>Variables de FOR..IN..DO, de la ligne de commande ou d'un batch</td></tr>
<tr><td>%VAR%</td><td>Variable d'environnement</td></tr>
</table>

Etudions-les d'un peu plus près. On en reconnaîtra certains, déjà vus lors des chapitres précédents, mais une petite révision ne peut faire de mal. Les autres sont supposés connus parce qu'ils appartiennent à la praxis du DOS, que chacun est censé connaître et posséder sur le bout des doigts... En fait nombre d'entre vous les verront pour la première fois, raison pour laquelle ils seront étudiés plus en détail dans les chapitres suivants, en particulier pour tout ce qui touche aux variables d'environnement.

Caractère @

Utilité:

Evite d'encombrer l'écran avec des messages oiseux.

Syntaxe:

@Ligne dont on ne veut pas qu'elle soit affichée.

Fonction:

Empêcher l'affichage d'une commande.

Exemple:

```
@echo off
```

L'esperluète < @ >, ou "a" commercial, est un symbole de suppression de message introduit avec la version 3.3 du DOS. Accolée au début d'une ligne ou d'une commande, elle permet d'éviter l'affichage de cette dernière avant exécution, que ECHO soit sur ON ou qu'il soit sur OFF. Son emploi le plus courant consiste à préfacer la commande ECHO OFF en début de fichier batch.

Notons que ce symbole empêche l'affichage de toute ligne, composée de texte ou de commande, mais qu'on ne l'emploie que devant une commande: si on l'utilisait au lieu de REM pour empêcher l'affichage d'un texte ne correspondant pas à une commande, le DOS afficherait le message d'erreur "Mauvais nom de commande ou de fichier". Mieux vaut dans ce cas utiliser REM.

Cet ouvrage tient pour acquis que les lecteurs possèdent une version du DOS supérieure ou égale à la 3.3. Que les autres ne se désolent pas: les batchs proposés sont également valables avec les versions antérieures, à quelques exceptions près (il faut par exemple ôter toute référence au caractère < @ >).

Important:

Pour que le gestionnaire de console ANSI accepte une commande, il faut que cette dernière soit affichée à l'écran. Pour cela il est nécessaire que ECHO soit sur ON. Gardez cette précision présente à l'esprit, elle explique peut-être pourquoi certains de vos essais avec la commande PROMPT ne donnent pas les résultats espérés.

Caractère +

Utilité:

Combine plusieurs fichiers.

Syntaxe:

```
COPY Fichier1 + Fichier2 ... + Fichierx ✂
[Fichier_destination]
```

Fonction:

Concaténation de fichiers par la commande COPY.

Exemple:

```
COPY autoexec.bat + config.sys racine.sav
```

Si aucun nom de fichier destination n'est fourni, cette commande ajoute le contenu des différents fichiers à Fichier1, qui est donc modifié. Si un nom de destination est fourni, ce fichier, qui est créé s'il n'existe pas, reçoit le contenu de tous les fichiers concaténés. Ces derniers ne sont donc pas modifiés.

Caractère >

Utilité:

Inscrit le résultat d'exécution d'un programme dans un fichier, au lieu de l'afficher à l'écran. L'éventuel contenu du fichier-cible est effacé.

Syntaxe:

Programme > Fichier destination (ou Périphérique)

Fonction:

Redirection de sortie avec création d'un nouveau fichier.

Exemple:

```
Dir > log.dat
```

Les programmes prennent en général leurs entrées, c'est-à-dire leurs ordres, du clavier et envoient leurs sorties à l'écran: le dispositif clavier-écran est appelé CONSOLE. Des opérateurs permettent de modifier ce processus: “>” redirige vers une autre destination les sorties des programme affichant leurs résultats à l'écran.

La commande “PROG > FICHIER” inscrit dans FICHIER ce qui allait normalement être affiché à l'écran. Notons, et c'est important, que cette commande crée un nouveau fichier ou écrase le précédent s'il existait déjà.

Cet opérateur n'est pas limité aux seuls fichiers, bien qu'on l'utilise surtout avec ces derniers: on peut parfaitement imprimer un texte par la commande “TYPE

FICHIER > PRN". On peut également utiliser l'ordinateur comme une machine à écrire par "COPY CON PRN".

Une utilisation intéressante consiste à diriger le message d'une commande comme COPY vers le périphérique "NUL:" par "COPY FICHIER > NUL" (les ":" après NUL ne sont pas nécessaires), ce qui envoie aux oubliettes le message "1 Fichier(s) copié(s)" au lieu de l'afficher.

Caractère >>

Utilité:

Rajoute à un fichier, au lieu de l'afficher à l'écran, le résultat d'exécution d'un programme. Le précédent contenu du fichier, s'il existait, est conservé.

Syntaxe:

Programme >> Fichier destination (ou Périphérique)

Fonction:

Redirection de sortie avec ajout à un fichier.

Exemple:

```
Dir >> Log.bat
```

L'opérateur ">>" ressemble comme un frère à ">" en ce qu'il redirige les sorties écran vers une autre destination, mais il comporte toutefois une différence essentielle: si le fichier destination existe déjà, il se contente d'y rajouter des informations au lieu de l'écraser. Autant la commande "DIR > DIRLOG" commence par effacer Dirlog, autant "DIR >> DIRLOG" laisse intactes les informations contenues dans ce fichier et se contente de lui rajouter le résultat de la commande DIR.

Caractère <

Utilité:

Permet de prendre des instructions d'un fichier au lieu du clavier.

Syntaxe:

Programme < Fichier d'entrée d'instructions

Fonction:

Redirection d'entrée.

Exemple:

```
Sort < Dir
```

L'opérateur “<” redirige les entrées. Les programmes nécessitant des données pour fonctionner iront les chercher sur un fichier au lieu de les attendre du clavier. Exemple: “SORT < DIRLOG” utilise le fichier Dirlog (créé par exemple par “DIR > DIRLOG”), et le trie par ordre alphabétique.

On peut employer les deux opérateurs d'entrée et de sortie simultanément. Par exemple la commande “SORT < DIRLOG > LOG.TRI” trie tout d'abord le fichier Dirlog et dirige le résultat du tri non pas à l'écran, mais vers un fichier nommé Log.tri afin d'en conserver une trace.

Un petit procédé mnémonique simple permet de s'y retrouver dans la fonction des opérateurs de redirection: la direction de leurs flèches indique dans quelle sens la redirection se fera.

Caractère |

Utilité:

Enchaîner l'exécution de plusieurs commandes, chaque programme utilisant les données fournies par le programme précédent.

Syntaxe:

Programme1 | Programme2 | ... | ProgrammeN

Fonction:

Chaînage de commandes.

Exemple:

```
Sort | Find /v ">"
```

Cet opérateur de chaînage permet d'exécuter plusieurs programmes dont chacun prend ses ordres du précédent, grâce au symbole "|" de code ASCII 124, qui s'obtient en tenant la touche ALT appuyée et en tabulant 1, 2 et 4 sur le pavé numérique. Voici un exemple permettant de visionner les fichiers du répertoire triés par ordre alphabétique: "DIR | SORT". Notons que la commande de chaînage crée deux fichiers provisoires reprenant les résultats intermédiaires. Ces fichiers, qui portent des noms improbables comme AALLEEDD ou BABMCIEK, seront effacés dès la commande achevée.

Caractère :

Utilité:

Crée une marque à partir de laquelle l'exécution reprendra à la suite d'une instruction GOTO.

Syntaxe:

:Nom_du_label

Fonction:

Référence un label pouvant être utilisé par la commande GOTO.

Exemple:

```
:Suite
```

L'exécution d'un batch n'est pas forcément linéaire du début à la fin. On peut effectuer des branchements vers d'autres parties du programme en sautant certaines instructions. Pour cela, on utilise la commande GOTO suivie d'un nom, qui commande le branchement au label de ce nom. Un label occupe une ligne à lui tout seul, et débute toujours par les deux points ":", par exemple:

```
[1] @echo off
[2] :TOP
[3] goto suite
[4] echo Cette ligne ne s'affichera pas
[5] :SUITE
[6] echo Mais celle-ci s'affichera
```

Ce fichier comporte deux labels: < :TOP > et < :SUITE >. La ligne 4 ne sera jamais exécutée, l'instruction GOTO SUITE ordonnant de la sauter et donc de l'ignorer.

Un label n'est pas limité en longueur, mais le DOS en reconnaît seulement les 8 premiers caractères. Il faut donc prendre garde à ne pas utiliser de noms trop longs pouvant prêter à confusion: si l'on crée les deux labels GRANDLABEL1 et GRANDLABEL2 et que l'on donne ensuite l'ordre GOTO GRANDLABEL2, le DOS comprend seulement GOTO GRANDLAB et se rend au premier label de ce nom par rapport au début du fichier. Le second label ne sera jamais exécuté. Notons au passage que le DOS considère tout label comme étant en majuscules, même si on l'a spécifié en minuscules. Pour lui les labels Début et DEBUT sont donc équivalents.

Caractères +.[/"]:\

Utilité:

Permettre de créer une ligne blanche pour aérer la lecture du batch ou améliorer la lisibilité d'un message.

Syntaxe:

ECHO. ou tout autre symbole dans la liste +.[/"]:\

Fonction:

Création d'une ligne blanche.

Exemple:

```
Echo\
```

Les lignes blanches sont indispensables pour améliorer la présentation d'un texte et le rendre plus lisible. Le DOS ne prévoit rien pour cela, mais on contourne la difficulté en faisant suivre ECHO d'un des caractères ci-dessus nommés, sans espace entre ECHO et ce caractère.

Notons que le point utilisé dans l'exemple "ECHO." n'a d'autre signification que de servir à créer une ligne blanche. Il n'a en particulier rien à voir avec le point symbolisant le répertoire actif, comme dans la commande "DEL ." où il équivaut à "*.*".

Caractère ==

Utilité:

Vérifie si une chaîne de caractères équivaut à une autre, pour exécuter une action en fonction du résultat. Voir la commande IF.

Syntaxe:

IF Chaîne1==Chaîne2 commande

Fonction:

Teste l'égalité de chaînes de caractères pour la commande IF.

Exemple:

```
If (%1)==() goto aide
```

Caractère =

Utilité:

Sert à affecter une valeur à une variable d'environnement. Voir la commande SET. Peut aussi servir à séparer deux mots.

Syntaxe:

SET VARIABLE=VALEUR

Fonction:

Affecte une valeur donnée à une variable. Séparateur de mots.

Exemple:

```
SET PATH=C:\;C:\BATCH\C:\DOS;C:\UTIL
```

Caractère *

Utilité:

Sert à remplacer une chaîne de caractères quelconque. On emploie le plus souvent ce symbole en liaison avec les noms de fichiers, pour traiter tout un ensemble de fichiers en une seule commande.

Exemple:

```
DIR *.BAT
```

Caractère ?

Utilité:

Sert à remplacer un caractère quelconque dans une chaîne. On emploie ce symbole pour traiter plusieurs fichiers en une seule commande.

Exemple:

```
DIR *.BA?
```

qui affichera les fichiers d'extension BAT, mais aussi BAK, BAS, etc.

Caractères %1 à %9

Utilité:

Permettre d'utiliser des informations entrées par l'utilisateur sur la ligne de commande.

Fonction:

Paramètres remplaçables.

Exemple:

```
Rename %1 %2
```

Les paramètres remplaçables permettent de moduler l'exécution en fonction des informations rentrées sur la ligne de commande, ce qui permet de créer des batchs très flexibles. Le DOS affecte au premier mot de la ligne de commande la valeur < %0 >, au deuxième la valeur < %1 >, ..., jusqu'à 9. Un batch peut sans problème spécifier plus de paramètres qu'il n'en sera rentré: le DOS ne tient compte que de ceux précisés par l'utilisateur sur la ligne de commande.

Caractères %A et %%A

Utilité:

Permettre à la commande FOR .. IN .. DO d'appliquer une même action aux fichiers ou commandes représentés par la variable %A ou %%A. Voir FOR .. IN .. DO.

Syntaxe:

```
FOR %A IN (liste) DO command
```

à partir de la ligne de commande, et

```
FOR %%A IN (liste) DO command
```

à partir d'un batch.

Fonction:

Variable de FOR .. IN .. DO.

Exemple:

```
For %%X in (*.bak *.old) do del %%X
```

Précisions:

Cette commande utilise un seul signe de pourcentage pour la variable lorsqu'elle est lancée de la ligne de commande, mais deux lorsqu'elle est activée d'un batch: dans un fichier batch le DOS considère toujours qu'un signe de pourcentage <%> annonce une variable et cherche à remplacer cette variable par sa valeur. Or la valeur de cette variable n'est pas fixée en début de batch et varie lors de l'exécution puisqu'elle se substitue à tous les éléments de la liste. C'est pour cette raison qu'un deuxième signe de pourcentage lui est accolé.

Caractère %VAR%

Utilité:

Le DOS se réserve un emplacement de mémoire appelé "environnement" pour noter des valeurs utiles que les programmes peuvent ensuite lire et utiliser. Les variables d'environnement peuvent être consultées d'un batch en les entourant de signes de pourcentage, par exemple echo %PATH%.

Fonction:

Stocke des valeurs dans un coin de la mémoire nommé environnement.

Exemple:

```
%COMSPEC%
```

L'utilisateur peut créer ou modifier toute valeur de l'environnement par la commande:

```
SET VARIABLE=CHAINE
```

Supposons que l'on désire créer une variable reprenant la date du jour. On tapera par exemple:

```
SET DATE=25/12/1992
```

La variable < DATE > est créée, ou modifiée si elle existe, avec la valeur < 25/12/1992 >. On pourra ensuite utiliser cette valeur à partir d'autres batchs pour effectuer des actions quelconques. On appelle une variable d'environnement en entourant son nom de deux signes de pourcentage. Pour afficher la variable d'environnement DATE à partir d'un batch, on utilise la commande suivante:

```
ECHO %DATE%
```

Important:

On peut créer ou modifier une variable d'environnement à partir de la ligne de commande ou d'un batch, par SET VARIABLE=CHAINE, mais on ne peut l'utiliser qu'à partir d'un batch.

Pour de plus amples renseignements, se reporter au chapitre 14, consacré à l'environnement et à la commande SET.

Chapitre 13

Gérer les fichiers texte avec les filtres **FIND**, **MORE** *et* **SORT**

Le DOS propose un certain nombre de programmes facilitant les opérations usuelles sur les fichiers, et en particulier trois filtres nommés "FIND", "MORE" et "SORT".

Ces filtres sont très fréquemment utilisés avec les opérateurs de redirection "<", ">" et ">>" et l'opérateur de chaînage "|" , étudiés dans les pages consacrées aux symboles utilisés par le DOS. On s'y reportera avec profit. Ils permettent aux batchs de donner le plein de leur puissance dans nombre d'occasions, et doivent donc être étudiés soigneusement.

Notons que les commandes de redirection, de filtre et de chaînage peuvent être utilisées avec la plupart des programmes mais pas avec tous: il est par exemple impossible de rediriger les résultats d'exécution d'un programme comme Excel ou Dbase vers un fichier, à partir de la ligne de commande du DOS.

FIND

Utilité:

On utilise FIND pour trouver dans quel fichier se cache un texte que l'on recherche.

Fonction:

Cherche une chaîne de caractères dans un fichier.

Syntaxe:

```
FIND [/V] [/C] [/N] [/I] "Chaîne" FICHIER
```

FIND cherche une chaîne de caractères donnée dans un fichier. Cette chaîne doit être indiquée entre guillemets et doit se conformer exactement au texte recherché, spécialement en ce qui concerne les espaces et les majuscules/minuscules. Le DOS 5.0 permet toutefois de ne pas distinguer entre minuscules et majuscules, grâce à l'option nouvelle < /I >. En cas de succès, FIND affiche les lignes où se trouve la chaîne indiquée.

Voici à quoi servent les différentes options de FIND:

- /V demande l'affichage de toutes les lignes ne contenant **pas** la chaîne.
- /C demande le nombre de lignes contenant la chaîne, et non leur affichage.
- /N permet de faire précéder les lignes d'un numéro indiquant leur place dans le fichier.
- /I ne fait aucune distinction entre minuscules et majuscules.

Exemple:

```
DIR | FIND /V "REP" | SORT | MORE
```

permet de visionner tous les fichiers, triés, en éliminant les répertoires grâce à FIND /V "REP". Il faudrait remplacer FIND /V "REP" par FIND /V "DIR" pour un DOS américain.

MORE

Utilité:

Un texte défilant rapidement à l'écran est impossible à lire. Ce problème est résolu grâce à MORE qui affiche un fichier page par page.

Syntaxe:

```
MORE < FICHIER  ou COMMANDE | MORE
```

Fonction:

Affiche un fichier page par page.

La commande MORE sert à l'affichage d'écrans successifs. Elle interrompt le défilé de données chaque fois que l'écran est plein, l'affichage d'une nouvelle page ne reprenant que lorsque l'utilisateur appuie sur une touche. On utilise souvent MORE avec les commandes de redirection et de chaînage.

SORT

Utilité:

SORT effectue des tris sur une colonne donnée, ce qui permet différentes sortes de choix.

Fonction:

Trie un fichier.

Syntaxe:

```
SORT [/R] [/+N] < FICHIER
```

ou

```
COMMANDE | SORT [/R] [/+N] > FICHIER
```

SORT trie un fichier d'une taille maximale de 64 Ko. Ce tri, qui s'effectue normalement sur la première colonne, peut être lancé à partir de toute autre colonne par l'option < /+N >, où < N > est un chiffre représentant une colonne. Il peut également être inversé par l'option < /R >. Le tri est alphabétique, les chiffres apparaissant avant les lettres. On utilise beaucoup SORT, comme MORE, avec les commandes de redirection et de chaînage.

Filtres, redirection et chaînage

Pour la plupart des opérations de filtre on a souvent le choix entre la redirection ou le chaînage. La redirection est toujours plus rapide que le chaînage et doit toujours lui être préférée. Supposons que l'on désire visionner un fichier-texte page par page. On peut naturellement utiliser la commande:

```
TYPE FICHTEXT | MORE
```

mais en fait:

```
MORE < FICHTEXT
```

donnera un résultat plus rapide. De la même façon:

```
SORT < FICHTEXT > FICH-TRI
```

est préférable à:

```
TYPE FICHTEXT | SORT > FICH-TRI
```

pour trier ce même texte.

Notez qu'il faut se montrer vigilant dans l'emploi des commandes de redirection: un opérateur mal placé peut causer la perte d'un fichier. Prenons par exemple la commande SORT:

```
SORT < FICHTEXT
```

trie le fichier FICHTEXT, mais:

```
SORT > FICHTEXT
```

écrase ce même fichier et en efface totalement les données. Moralité: travaillez sur des copies jusqu'à ce que vous soyez parfaitement familiarisés avec les commandes de redirection.

Programmes et précisions techniques

➢ *Trier les fichiers du répertoire*

SORT permettant d'effectuer un tri sur une colonne donnée, on peut obtenir un affichage des répertoires par ordre alphabétique. Si l'on observe l'affichage utilisé par la commande DIR:

```
DIR:    TOTAL-C  ZIP 109878376 15.04.92    15:00
Col:    1        10  14        24          35
Info:   Nom      Ext Taille    Date        Heure
```

On s'aperçoit qu'un certain nombre de renseignements apparaissent toujours à la même colonne, en particulier le nom du fichier en colonne 1, son extension en colonne 10, sa taille en colonne 14, la date et l'heure de sa création ou dernière modification en colonnes 24 et 35.

Obtenir un classement par nom, extension, taille, date et heure est donc un jeu d'enfant. Voici comment obtenir la liste des seuls sous-répertoires du répertoire courant, grâce au fichier DSREP.BAT (Directory-Sort/par REPertoire):

```
@echo off
cls
echo.
echo Répertoires présents:
DIR | SORT | FIND ">" | MORE
echo.
```

La commande FIND ">" permet de ne sélectionner que les lignes comportant le caractère ">", utilisé par le DOS pour indiquer des répertoires:

```
BOOK          <DIR>      06.01.92   16:06
```

ou avec un DOS francisé:

```
BOOK          <REP>      06.01.92   16:06
```

Voici comment créer 5 fichiers batch permettant d'obtenir:

- les fichiers classés par nom;
- les fichiers classés par extension;
- les fichiers classés par taille;
- les fichiers classés par date;
- les fichiers classés par heure.

1) DSNOM.BAT

```
@echo off
rem DSNOM.BAT
cls
echo.
echo Fichiers présents, triés par nom:
dir | sort | find ">" /v | find "e" /v | more
echo.
```

On remarque les commandes FIND ">" /V et FIND "e" /V. Observons le résultat d'une commande DIR:

```
Volume in drive G is STACVOL_DSK
Directory of G:\N'FURTER\PSION
.             <DIR>       05.01.92   17:19
..            <DIR>       05.01.92   17:19
PSION    ZIP     102367 07.07.91    1:43
        3 file(s)      102367 bytes
                     83825664 bytes free
```

Pour un tri de fichiers, un certains nombre de lignes ne nous intéressent pas: il faut donc les éliminer. Toutes celles indiquant un répertoire comportent le caractère ">". Toutes les autres comportent le caractère "e" minuscule, qu'un nom de fichier toujours écrit en majuscules ne peut contenir. La commande FIND ">" /V élimine toutes les lignes comportant un répertoire, tandis que FIND "e" /V élimine celles comportant un "e" minuscule. La même commande fonctionne avec un DOS francisé.

2) DSEXT.BAT

```
@echo off
rem DSEXT.BAT
cls
echo.
echo Fichiers présents, triés par extension:
dir | sort /+10 | find ">" /v | find "e" /v ✂
| more
echo.
```

3) DSTAILL.BAT

```
@echo off
rem DSTAILLE.BAT
cls
echo.
echo Fichiers présents, triés par taille:
dir |sort /+14 | find ">" /v | find "e" /v | ✂
more
echo.
```

4) DSDATE.BAT

```
@echo off
rem DSDATE.BAT
cls
echo.
echo Fichiers présents, triés par date:
dir | sort /+25 | find ">" /v | find "e" /v ✂
| more
echo.
```

5) DSHEURE.BAT

```
@echo off
rem DSHEURE.BAT
cls
echo.
echo Fichiers présents, triés par heure:
dir | sort /+34 | find ">" /v | find "e" /v ✂
| more
echo.
```

➢ *Automatiser l'exécution d'une tâche*

On peut automatiser certaines tâches en créant des fichiers contenant des réponses toutes prêtes, en particulier Oui, Non, et Enter. On utilise pour cela la commande:

```
COPY CON OUI
```

puis on tape sur la touche O, sur Enter, sur la touche de fonction F6, et l'on clôt la manœuvre par Enter. La réponse est enregistrée dans un fichier nommé OUI et pourra être utilisée avec les symboles de redirection du DOS pour répondre aux questions usuelles apparaissant durant l'exécution de fichiers batch. Par exemple:

```
DEL *.* < OUI
```

Attention, n'essayez pas cette manœuvre pour effectuer un simple test: elle effacerait tous les fichiers de votre répertoire.

Mieux encore, on peut se passer de fichier externe par la méthode:

```
ECHO O | DEL *.*
```

Pour simuler l'appui sur la touche Enter on utilise:

```
ECHO | MORE | ou ECHO. |
```

Exemple:

```
ECHO |MORE| DATE ou ECHO. | DATE
```

Ces techniques ont été analysées lors de l'étude de la commande ECHO.

➢ *Supprimer d'un fichier toutes les lignes comportant une chaîne spécifiée*

Le listing du fichier suivant, CUTLINE.BAT, permet de supprimer d'un fichier toutes les lignes contenant une chaîne donnée. Il conserve une copie de l'original qu'il renomme avec l'extension BAK.

```
@echo off
rem CUTLINE.BAT supprime les lignes contenant ✂
une chaîne donnée.
if %2!==! goto aide
find /v "%1" %2 > cutline.$$$
ren %2 *.bak
ren cutline.$$$ %2
del cutline.$$$
goto end
:AIDE
echo.
echo  %0 supprime d'un fichier les lignes ✂
contenant une chaîne donnée.
echo.
echo  Syntaxe: %0 chaîne fichier
echo.
:END
```

Chapitre 14

Gérer l'environnement:
SET-COMSPEC-PATH-PROMPT

L'environnement est une sorte de bloc-notes, un espace en mémoire que le DOS se réserve pour y noter des valeurs utiles. D'autres programmes peuvent ensuite lire et exploiter les valeurs qui s'y trouvent. Les variables utilisées sont inscrites dans l'environnement à l'aide de la commande SET, que nous allons étudier maintenant.

SET

Utilité:

Affiche et modifie les variables d'environnement.

Syntaxe:

```
SET [variable=[chaîne]]
```

où "variable" est le nom de la variable d'environnement et "chaîne" représente les caractères affectés à la variable.

Fonction:

Affiche, crée, modifie ou supprime les variables d'environnement.

Comme nous l'avons déjà dit plus haut, SET permet d'inscrire des valeurs dans un coin de mémoire appelé environnement, où d'autres programmes peuvent les lire et les exploiter. Pour connaître les valeurs existantes, on utilise SET sans argument. On obtient alors quelque chose comme:

```
COMSPEC=C:\DOS\COMMAND.COM
PATH=C:\UTIL;C:\BATCH;C:\NORTON;C:\XTREE;C:\DOS
PROMPT=$p$g
TEMP=G:\WINDOWS\TEMP
EC=C:\EC
```

Trois variables sont remarquables: COMSPEC, PROMPT et PATH. Nous verrons plus bas à quoi elles correspondent. Comme elles sont fastidieuses à taper à chaque allumage de l'ordinateur, le mieux est de les intégrer dans son AUTOEXEC.BAT. Par exception, ces valeurs peuvent être modifiées sans avoir à taper SET avant leur nom: on peut indifféremment modifier son PATH par < SET PATH= ... > ou plus simplement par < PATH= ... >.

L'utilisateur peut placer d'autres valeurs en mémoire par la commande:

```
SET VARIABLE=Chaîne
```

Supposons que l'on mette une chaîne en mémoire, par exemple JOUR=JEUDI. Le DOS a maintenant accès à cette valeur tant qu'elle n'est pas modifiée ou annulée, ce qui permet de tester son existence dans un fichier batch et d'automatiser le lancement de tâches en fonction du jour de la semaine, par exemple effectuer une sauvegarde complète des données le jeudi.

Entrez la commande:

```
SET JOUR=JEUDI
```

et vérifiez le bon accomplissement de la manœuvre par:

```
SET
```

qui devra faire apparaître la ligne:

```
JOUR=JEUDI
```

Pour modifier la valeur de JOUR, il suffit de recommencer en utilisant une autre chaîne: SET JOUR=VENDREDI fait passer JOUR de JEUDI à VENDREDI. Pour annuler une variable on entre SET suivi de son nom et du signe égal, sans rien d'autre. Par exemple:

```
SET JOUR=
```

annule la variable JOUR.

Noter que les espaces de chaque côté du signe égal ont une grande importance. Les quatre lignes:

```
SET JOUR=JEUDI
SET JOUR= JEUDI
SET JOUR =JEUDI
SET JOUR = JEUDI
```

sont complètement différentes: si l'on entoure d'étoiles les chaînes de caractères utilisées pour mettre les espaces blancs en valeur, on obtiendra en effet:

```
*JOUR*=*JEUDI*
*JOUR*=* JEUDI*
*JOUR *=*JEUDI*
*JOUR *=* JEUDI*
```

L'observateur attentif note que ces quatre chaînes ne sont pas identiques.

Pour utiliser une variable d'environnement à partir d'un fichier batch, il faut encadrer son nom de deux signes de pourcentage. Curieusement, on peut entrer ou modifier les variables d'environnement aussi bien à partir de la ligne de commande que d'un fichier batch, mais on ne peut les récupérer pour les exploiter qu'à partir d'un fichier batch. La commande:

```
ECHO %JOUR%
```

appelée à partir d'un batch provoquera l'affichage JEUDI si la valeur donnée à la variable d'environnement JOUR est JEUDI, mais la même commande lancée de la ligne de commande mènera seulement à l'affichage de la chaîne de caractères %JOUR%: la valeur de JOUR dans l'environnement n'est alors pas prise en compte.

Il importe peu d'entrer la variable en majuscules ou minuscules, le DOS convertissant automatiquement le nom de cette dernière en majuscules. Ainsi ECHO %jour% équivaut à ECHO %JOUR%. Par contre la chaîne est conservée comme elle a été introduite. Ainsi:

```
SET Août=été
```

donnera:

```
AOUT=été
```

Le nom de la variable, "Août", passe en majuscules, mais sa valeur, "été", est conservée telle qu'elle.

Attention au corollaire: si l'on place les deux variables < O=on > et < o=off > en mémoire, celle entrée le plus tardivement écrasera l'autre, le DOS ne différenciant pas entre < set O > et < set o >. Ainsi < O=on > disparaîtra au profit de < o=off >, plus récent.

COMSPEC

Utilité:

Variable d'environnement indiquant au DOS où trouver COMMAND.COM, afin de pouvoir recharger ce fichier en mémoire en cas de besoin. Si COMMAND.COM est introuvable, le système s'arrête de fonctionner.

Syntaxe:

```
SET COMSPEC=CHEMIN\COMMAND.COM
```

Fonction:

Localise COMMAND.COM.

Le programme chargé d'exécuter les commandes de l'utilisateur s'appelle COMMAND.COM. Il contient les commandes du DOS dites internes, c'est-à-dire celles fonctionnant sans qu'existent sur le disque d'exécutables correspondants. Cherchez par exemple dans le répertoire DOS un programme nommé DIR.COM ou DIR.EXE: vous ne le trouverez pas. Et pourtant lorsque l'on tape DIR sur la ligne de commande, les fichiers du répertoire s'affichent. La raison en est simple: DIR est une commande interne et n'utilise pas de programme externe pour fonctionner.

L'avantage de cette méthode est que la commande s'exécute très rapidement et ne nécessite aucun programme annexe. L'inconvénient est que COMMAND.COM, qui est résident en mémoire, occupe plus de place qu'il n'est absolument nécessaire et que ce qui reste des 640 Kilo-octets de mémoire vive une fois COMMAND.COM chargé est parfois insuffisant au fonctionnement de certaines applications. Ce problème a été résolu en scindant COMMAND.COM en deux parties: l'une est toujours résidente tandis que l'autre, transitoire, peut provisoirement être écrasée par un programme et rechargée une fois ce dernier exécuté. Voici comment: tout programme n'ayant pas assez de place peut utiliser sans vergogne la portion de mémoire occupée par la partie transitoire de COMMAND.COM. Lorsqu'il a fini et rend la main à COMMAND.COM, ce programme teste son intégrité, voit qu'il lui manque sa partie mobile et la recharge en mémoire en la copiant à partir du disque dur ou d'une disquette. Par défaut le DOS effectue cette recherche à la racine du disque de boot, mais il arrive que l'utilisateur place COMMAND.COM ailleurs, le plus souvent dans le répertoire DOS. Si le DOS ne parvient pas à retrouver la trace de COMMAND.COM, le message "Impossible de charger COMMAND.COM" s'affiche et le système s'arrête de fonctionner.

La variable COMSPEC, dont le nom signifie COMMAND SPECIFICATION, indique au DOS où trouver COMMAND.COM. On intégrera donc dans l'AUTOEXEC.BAT la ligne COMSPEC=C:\DOS\COMMAND.COM si ce fichier se trouve dans le répertoire \DOS.

Indiquons au passage qu'il peut y avoir des problèmes quand COMSPEC pointe sur un répertoire alors qu'une version de COMMAND.COM subsiste encore à la racine du disque: on fera bien d'effacer le doublon situé à la racine.

PATH

Utilité:

Permet d'utiliser facilement des programmes situés en-dehors du répertoire courant, sans avoir besoin d'en fournir le chemin.

Syntaxe:

```
PATH [[disque:]chemin[;...]]
```

Fonction:

Affiche, crée, modifie, efface le chemin permettant au DOS de chercher les fichiers exécutables.

Lorsqu'un ordre est passé sur la ligne de commande, le DOS vérifie s'il s'agit d'une commande interne, c'est-à-dire incluse dans COMMAND.COM. Si c'est le cas il l'exécute, sinon il cherche dans le répertoire courant un programme du même nom en commençant par ceux d'extension COM, puis ceux d'extension EXE et enfin ceux d'extension BAT. En d'autres termes il ne faut pas créer de batch portant le nom d'une commande interne ou d'un fichier COM ou EXE, car il ne serait jamais exécuté.

Il existe pourtant un moyen détourné d'échapper à cette impossibilité, en appelant le programme avec son chemin: créez un batch nommé DIR.BAT et contenant par exemple la commande:

```
ECHO LE TEST FONCTIONNE!
```

Le simple appel à DIR.BAT ne conduit pas à l'exécution du batch mais au listage des fichiers du répertoire par la commande interne DIR. Appelez maintenant ce batch en fournissant son chemin, par exemple C:\UTIL\DIR si vous avez créé DIR.BAT dans le répertoire \UTIL: il pourra alors être lancé.

S'il n'existe pas de programmes portant le nom de la commande dans le répertoire courant, le message "Mauvais nom de commande ou de fichier" s'affiche et l'on en reste là. Pour utiliser un programme situé hors du répertoire courant il faut spécifier le chemin menant à lui, par exemple C:\DOS\FORMAT si l'on cherche à lancer le programme FORMAT situé dans le répertoire \DOS.

La commande PATH permet de se dispenser de ces manœuvres laborieuses: on indique au DOS la liste des répertoires où il doit étendre sa recherche. Si le programme appelé ne se trouve pas sur le répertoire courant, le DOS parcourra successivement tous les répertoires du PATH, CHEMIN en français, dans l'ordre où ils sont cités, et exécutera le programme s'il le trouve, toujours en commençant par les fichiers d'extension COM, puis EXE et enfin BAT.

Le mode d'emploi de PATH est simple: < PATH > sans argument liste les répertoires cités dans le CHEMIN, < PATH ; > remet le PATH à zéro et < PATH=REP1;REP2; ...REPN > crée un nouveau chemin.

La taille du PATH est limitée à 127 caractères, 122 en fait puisque la commande < PATH= > en occupe déjà 5. Notez que la possibilité d'ajouter des répertoires au chemin existant n'est pas prévue: il faut d'abord retaper l'intégralité du PATH. On verra plus bas comment contourner le problème.

Certains programmes proposés dans cet ouvrage modifient provisoirement le PATH. Il faut donc rétablir ce dernier en fin de batch. On y parvient en commençant par sauvegarder le chemin actuel dans la variable Oldpath par:

```
SET OLDPATH=%PATH%
```

Puis en fin de batch on rétablit le PATH précédent par la commande inverse, et l'on supprime la variable Oldpath dont on n'a plus besoin:

```
SET PATH=%OLDPATH%
SET OLDPATH=
```

Cette technique peut naturellement être appliquée à toute autre variable que le PATH, et sert d'ailleurs souvent à sauvegarder le PROMPT, comme nous le verrons immédiatement.

PROMPT

Utilité:

Cette commande est surtout utilisée pour afficher le disque et le répertoire courant, ce qui facilite grandement l'orientation dans les répertoires et évite nombre d'erreurs.

Syntaxe:

```
PROMPT [texte]
```

Fonction:

Modifie "l'invite" du DOS, c'est-à-dire son message d'accueil.

Le PROMPT ou "invite", est le message d'accueil du DOS. Par défaut il indique le disque courant. Si vous êtes sur le disque C:, l'invite sera:

```
C>
```

Si vous ne savez pas quel est votre PROMPT, effacez l'écran par la commande CLS: ce qui s'affiche alors est le PROMPT. On choisit normalement un PROMPT indiquant le disque actif et le chemin menant au répertoire courant, se terminant par le signe “>”. Ainsi, si l'on se trouve dans le répertoire \DOS\SYSTEME du disque C:, le PROMPT indiquera:

```
C:\DOS\SYSTEME>
```

Ce PROMPT est le plus habituel parce que c'est le plus commode. C'est sans doute le vôtre. L'intérêt d'indiquer le chemin menant au répertoire courant est de savoir à tout moment où l'on est, ce qui permet d'éviter des erreurs du type suivant: supposez que l'on soit dans le répertoire UTIL, où résident tous les programmes utilitaires (calculettes, économiseur d'écran, gestionnaire de souris, ...) et que l'on veuille effacer les programmes se trouvant dans le sous-répertoire TEST où l'on teste les programmes nouveaux. La commande:

```
CD TEST
DEL *.*
```

nécessite de répondre “O” quand le DOS demande si l'on est sûr de vouloir tout effacer. Mais un facteur d'incertitude existe si le PROMPT n'indique pas le répertoire courant: est-on certain d'être dans le sous-répertoire TEST? Si l'on a tapé par mégarde CD TST au lieu de CD TEST, on n'a pas quitté UTIL et la commande DEL *.* crée un drame. Voilà pourquoi tout le monde préfère connaître le disque et le répertoire courants.

La commande permettant d'obtenir cet affichage classique du PROMPT est:

```
PROMPT $p$g
```

$p et $g demandent l'affichage du disque, du répertoire courants et du caractère ">": PROMPT peut en effet afficher tout texte, par exemple PROMPT BONJOUR, et utiliser des méta-caractères. Ce nom barbare indique des codes représentant des valeurs comme la date, le temps, le répertoire courant, etc. En voici la liste:

Méta-caractères utilisés par la commande PROMPT		
Nom	**Signification**	**Explication**
$D	Date courante	
$T	Heure courante	
$P	Disque et chemin courants	
$V	Numéro de version du DOS	
$N	Disque courant	
$_	Retour charriot, passage à la ligne CR-LF	
$Q	=	Signe égal
$S	$	Caractère dollar
$G	>	Signe plus grand que
$L	<	Signe moins grand que
$B	|	Enchaînement
$H	Retour arrière	Efface le caractère précédent
$E	Caractère Escape	Code ASCII 27

L'utilisation de ces méta-caractères est simple: supposons que l'on veuille une invite comportant le mot BONJOUR, puis sur une autre ligne la date et l'heure, le disque et le répertoire courants suivis du caractère ">".

La consultation de la liste ci-dessus nous permet de trouver les éléments de construction du PROMPT: le passage à la ligne s'obtient par $_, la date par $d, l'heure par $t, le disque et le chemin courants par $p et le signe ">" par $g. Nous avons maintenant tous les ingrédients pour bâtir le PROMPT:

```
PROMPT BONJOUR!$_$d $t $p$g
```

Ce qui donnera quelque chose comme:

```
BONJOUR!
Jeu 23/01/1992 15:08:51,56 C:\TRAVAIL\BOOK>
```

Le temps s'affichant avec une précision inopportune (secondes et centièmes de secondes), supprimons ces dernières par une série de 6 retours arrière bien placés, obtenus par $h:

```
PROMPT BONJOUR!$_$d $t$h$h$h$h$h$h $p$g
```

ce qui donnera le PROMPT définitif:

```
BONJOUR!
Jeu 23/01/1992 15:08 C:\TRAVAIL\BOOK>
```

Cela dit, ce type de PROMPT n'est pas très pratique parce qu'il encombre trop l'écran: mieux vaut donc s'en tenir au classique PROMPT pg.

Pour supprimer le PROMPT, on utilise la commande PROMPT sans argument.

De nombreux programmes de cet ouvrage modifient le PROMPT, pour des raisons que nous étudierons dans les astuces techniques proposées plus bas. Il est cependant nécessaire de rétablir ce dernier en fin de batch. Pour cette raison ces programmes débutent souvent par:

```
SET OLDPROMPT=%PROMPT%
```

qui conserve dans la variable Oldprompt la valeur du PROMPT actuel. Pour rétablir ce dernier en fin de batch il suffit d'utiliser la commande inverse, et de faire le ménage en effaçant la variable Oldprompt dont on n'a plus besoin:

```
SET PROMPT=%OLDPROMPT%
SET OLDPROMPT=
```

Programmes et précisions techniques concernant SET

➢ *Retrouver la valeur initiale de COMSPEC, PROMPT et PATH après modification*

Si l'on désire modifier provisoirement COMSPEC, PROMPT ou PATH, avec la possibilité de récupérer leurs valeurs initiales sans avoir à les retaper, il suffit de lancer la commande suivante:

```
SET > SETBAT.BAT
```

Le fichier SETBAT.BAT ainsi créé permet de récupérer facilement les valeurs de PROMPT, COMSPEC et PATH uniquement en tapant SETBAT. On peut incorporer cette commande dans son AUTOEXEC.BAT de façon à toujours pouvoir recouvrer ces variables sans avoir à les ressaisir. On peut bien sûr limiter ses besoins à l'une seulement des composantes de ce trio, par exemple SETPATH, qui récupère seulement la valeur du PATH par:

```
PATH > SETPATH.BAT
```

➢ *Augmenter la taille de l'environnement*

Par défaut, le DOS n'alloue que 160 octets à l'environnement, ce qui amène parfois le message: "Out of environment space". Pour augmenter cette valeur, il faut intégrer la commande suivante dans le fichier CONFIG.SYS:

```
SHELL=[CHEMIN]COMMAND.COM /E:1024 /F /P
```

pour obtenir par exemple un espace de 1024 octets. L'argument /P, qui indique qu'il s'agit du processeur de commande primaire, est important: c'est lui qui permet d'exécuter ensuite l'AUTOEXEC.BAT.

Si vous essayez cette commande et que le message d'erreur se renouvelle, c'est que vous disposez d'une version du DOS antérieure à la 3.2 où la syntaxe est légèrement différente. Si vous êtes dans ce cas, indiquez la taille souhaitée de l'environnement en tranches de 16 octets. Pour obtenir par exemple un environnement de 512 octets, lancez la commande:

```
SHELL=[CHEMIN]COMMAND.COM /E:32 /F /P.
```

Pour éviter de trop charger l'environnement, il est recommandé de faire le ménage après utilisation et de laisser, comme le veut la formule traditionnelle, l'endroit aussi propre qu'on aimerait le trouver en entrant. Le coup de balai s'opère en remettant à zéro toutes les variables d'environnement dont on n'a plus besoin, par une série successive de <set variable= >. Si l'on a par exemple utilisé HEURE=21:04:22, SAISON=été, MAJUSCUL=ETE, JOUR=lundi et DATE=02/08/1992, il faudra lancer les commandes suivantes:

```
set heure=
set saison=
set majuscul=
set jour=
set date=
```

ou, mieux encore car plus rapide, utiliser la technique FOR .. IN .. DO:

```
FOR %%A IN (heure saison jour date majuscul) ✂
DO SET %%A=
```

➢ *Faciliter le déboguage d'un batch*

La plupart des utilisateurs débutent leurs batchs par @ECHO OFF pour éviter d'afficher à l'écran les commandes qui vont être exécutées. Si le batch ne fonctionne pas comme prévu, on préfère par contre voir les messages. Il faut pour cela replacer ECHO sur ON. Si le batch est long et pour certaines raisons comporte de nombreuses commandes ECHO OFF, transformer tous les OFF en ON uniquement pour la durée des tests est fastidieux, surtout s'il faut ensuite leur restituer leur valeur première après essais.

Une méthode simple consiste à remplacer tous les < ECHO OFF > par < @ECHO %E% >, et à fixer la valeur de %E% par SET E=ON ou SET E=OFF, selon le cas. L'AUTOEXEC.BAT inclura la commande SET E=OFF, cas le plus général, mais il suffira de taper SET E=ON sur la ligne de commande pour pouvoir déboguer facilement tous les batchs utilisant la technique ainsi décrite.

Voici ce qui se passe en pratique. Si nous avons le batch suivant:

```
@echo %E%
commandes
.....
```

Il équivaut, si E=off, à:

```
@echo off
commandes
.....
```

mais, si E=on, il devient:

```
@echo on
commandes
.....
```

Programmes et précisions techniques concernant PATH

➢ *Inclure automatiquement les répertoires-parents dans le PATH*

La structure d'un disque est souvent organisée de façon à ce que les programmes soient placés dans un répertoire principal et les données dans un sous-répertoire. Pour travailler à partir du sous-répertoire il faut accéder aux programmes du répertoire-parent et donc inclure ce dernier dans le PATH. Cela augmente la taille du PATH, ce qui est néfaste à deux points de vue: cela conduit à limiter les entrées dans le PATH, qui ne peut comporter qu'un nombre fini de caractères, et cela augmente le temps de recherche, le DOS parcourant tous les répertoires cités dans le PATH quand le programme requis n'existe pas dans le répertoire courant.

Ce problème peut être résolu de façon élégante, en intégrant les caractères < .. >, représentant le répertoire-parent, dans le PATH. Cela suffit pour accéder, de tout sous-répertoire, aux programmes du répertoire-parent. Pour des raisons peu claires, il semble qu'il soit préférable d'ajouter les caractères < .. > en fin de PATH. Si ce dernier ressemblait à ceci:

```
PATH=C:\EC;C:\;BATCH;C:\NORTON;E:\XTREE;C:\DOS;✂
D:\PCTOOLS
```

il ressemblera maintenant à cela:

```
PATH=C:\EC;C:\;BATCH;C:\NORTON;E:\XTREE;C:\DOS;✂
D:\PCTOOLS;..
```

➢ *Améliorer le temps d'exécution des commandes*

L'ordre des répertoires indiqués dans le PATH n'est pas indifférent: le DOS parcourant successivement tous les répertoires du PATH à la recherche d'un exécutable s'il ne trouve pas ce dernier dans le répertoire courant, mieux vaut placer les répertoires dont on se sert le plus souvent en tête de PATH, ce qui assure que le DOS trouvera immédiatement les programmes auxquels on fait le plus fréquemment appel. Un bon choix dans l'ordre des répertoires inscrits dans le PATH peut ainsi accélérer notablement la vitesse d'exécution des commandes les plus utilisées.

➢ *Conserver un double du* PATH

Quand on modifie son PATH en cours de session, on veut souvent pouvoir récupérer le PATH originel. Pour cela il suffit de la commande:

```
PATH > LOGPATH.BAT
```

qui permet de retrouver l'ancien PATH par la commande LOGPATH.

On peut encore améliorer cette technique pour conserver une pile de plusieurs chemins possibles, grâce aux batchs SP.BAT (SavePath.bat) et RP.BAT (Restore.bat). Voici SP.BAT (conserver les lignes blanches dans le texte):

```
@echo off
rem SAVEPATH. Sauvegarde jusqu'à 4 chemins sur ✂
une pile.

set p=
for %%X in (4 3 2 1) do if not exist ✂
chemin%%x.bat set p=%%X

if (%p%)==() goto erreur
path > chemin%p%.bat
set p=
goto end

:ERREUR
echo.
echo Savepath erreur
echo ♥ | pause > nul

:END
```

Et voici RP.BAT:

```
@Echo off
rem RESTORE PATH. Restaure un path sauvegardé ✂
par sp.bat

set p=

for %%X in (1 2 3 4) do if exist chemin%%X.bat ✂
set p=%%X

if (%p%)==() goto erreur

call chemin%p%.bat

del chemin%p%.bat

set p=

goto end

:ERREUR

echo.

echo Savepath erreur

echo.

:END
```

➢ *Ajouter un répertoire au PATH*

Le DOS ne prévoit pas de commande permettant d'ajouter un répertoire au PATH. Pour modifier ce dernier on doit le retaper dans son intégralité, ce qui est peu commode. On peut s'épargner ce pensum grâce au fichier ADDPATH.BAT suivant:

```
@Echo off
rem  ADDPATH.BAT
if %1!==! goto aide
path=%path%;%1
goto end

:AIDE
```

```
cls
echo.
echo But:       Ajouter un répertoire au PATH.
echo.
echo Syntaxe:   %0 Nom du répertoire à ajouter ✂
au PATH
echo.
echo Exemples: %0 A:\DOUBLES
echo            %0 \UTIL\TEST
echo            %0 COURRIER
echo.

:END
```

Remarquons que ce batch et le suivant ne fonctionnent pas si le PATH est trop long: ce dernier, on le sait, ne peut comprendre plus de 127 caractères.

➢ *Ajouter automatiquement le répertoire courant dans le PATH*

Le programme précédent est commode parce qu'il permet d'ajouter n'importe quel répertoire au PATH. Il nécessite quand même de taper le nom du répertoire à ajouter. Le programme HOMEPATH.BAT qui suit permet quant à lui de rajouter le répertoire courant au PATH sans aucune intervention:

```
@Echo off
rem HOMEPATH.BAT
set oldprompt=%prompt%
rem>!a!.bat
prompt path=%path%;$p
command /c !a!.bat > !b!.bat
prompt=%oldprompt%
call !b!
del !?!.bat
```

Ce batch utilise des techniques sophistiquées, commentées de manière plus approfondie dans les exemples accompagnant les commandes PROMPT et COMMAND.COM. Voir "Réintégrer le disque et le répertoire courants" un peu plus bas.

➢ *Faire passer en majuscules un texte entré sur la ligne de commande*

Lorsque l'on utilise une variable d'environnement, il importe peu d'entrer son nom en majuscules ou minuscules, le DOS convertissant automatiquement en majuscules toutes les entrées. Par contre la valeur de cette variable est conservée comme on l'a introduite. Ainsi "set saison=été" donnera "SAISON=été", mais après "set été=saison" les accents aigus d'été disparaissent et l'on obtient "ETE=saison".

Il existe cependant un cas où les chaînes de caractères sont mises en majuscules des deux côtés du signe d'égalité < : > avec la commande PATH. Essayez la manœuvre suivante: sauvegardez tout d'abord votre PATH par la commande "PATH > LOGPATH.BAT" puis tapez "PATH=été". Observez le résultat en tapant "PATH" ou "SET": on obtient "PATH=ETE". Récupérez ensuite votre PATH par LOGPATH.

On sent immédiatement qu'il doit y avoir un moyen quelconque d'exploiter cette propriété. Développez ce réflexe chaque fois que vous découvrez une particularité du DOS: le plus souvent on peut en tirer parti. Ici on profite de cette caractéristique pour faire automatiquement passer un texte en majuscules. Pour cela on utilise la technique suivante, illustrée par le fichier MAJUSCUL.BAT:

```
@echo off
rem MAJUSCUL.BAT
rem Illustre comment faire passer en majuscules
un texte entré en minuscules.
if %1!==! goto aide
set oldpath=%path%
path=%1
set majuscul=%path%
echo.
echo Vous avez saisi %1
```

```
echo qui est maintenant devenu %majuscul%
echo.
set path=%oldpath%
set oldpath=
goto end

:AIDE
echo.
echo But: faire passer une chaîne de caractères
echo en majuscules.
echo Syntaxe: %0 chaîne. Exemple: %0 été (été ✂
deviendra ETE).
echo.

:END
```

L'intérêt de cette manœuvre est qu'il devient inutile de tester comment un texte a été saisi, ce qui évite des lignes comme:

```
FOR %%X IN (Label1 LABEL1 label1 Label2 LABEL2 ✂
label2 ...) DO GOTO OK
```

qui sont fastidieuses et ne tiennent pas compte de toutes les possibilités: si l'utilisateur, se trompant dans les touches de passage de majuscules en minuscules, a tapé lABEL1 en croyant taper Label1, il en est pour ses frais. L'emploi de la technique indiquée permet de ne tester que les majuscules. La commande de test devient donc:

```
FOR %%X IN (LABEL1 LABEL2 ...) DO GOTO OK
```

Beaucoup plus courte que la précédente, elle est en outre complète.

Programmes et précisions techniques concernant PROMPT

➢ *Générer un caractère ESCAPE*

Certaines commandes, qui exigent l'entrée du caractère ESCAPE, sont impossibles à lancer de la ligne de commande: si l'on appuie sur la touche ESCAPE, le DOS pense que l'on veut annuler la commande en cours et efface la ligne. Même chose si l'on tente de tourner la difficulté en utilisant la technique ALT-27 pour obtenir le caractère ESCAPE. Il reste cependant une ressource: l'utilisation de PROMPT avec le méta-caractère $e, qui génère un code ESCAPE.

Supposons que l'on désire reconfigurer une touche en une autre. La commande, comme l'étude des pages consacrées à ANSI.SYS permettra de le constater, est la suivante:

```
ESC[c1;c2p  ou ESC["c1";"c2"p
```

On peut utiliser indifféremment les codes ASCII représentant les caractères, ou les caractères eux-mêmes: sans guillemets, c1 et c2 représentent pour le premier le code ASCII du caractère à redéfinir et pour le second le code ASCII du caractère de substitution. Entourés de guillemets, "c1" et "c2" représentent directement le caractère à redéfinir et le caractère de substitution.

Exemple:

```
ESC[38;92p permet de remplacer < & > par < \ >
```

mais on peut aussi utiliser: ESC["&";"\"p qui remplace < & > par < \ >.

Ces ordres sont normalement impossibles à entrer sur la ligne de commande. On s'en tire en remplaçant ESCAPE par PROMPT $e, ce qui donne:

```
PROMPT $e[38;92p ou PROMPT $e["&";"\"p
```

Cette commande modifiant le PROMPT, il faut cependant rétablir ensuite le PROMPT habituel par PROMPT pg.

➢ Réintégrer le disque et le répertoire courants

Il arrive de passer d'un répertoire à un autre, par exemple pour faire le ménage sur le disque dur, ce qui nécessite des allers et retours entre répertoires pour comparer les fichiers. On aimerait pouvoir réintégrer facilement son répertoire de base. C'est ce que permet le fichier MEMHOME.BAT, qui utilise des techniques très intéressantes, simples et faciles à comprendre mais considérées comme difficiles parce que peu connues et exploitant pleinement les ressources du DOS. On se reportera aux programmes accompagnant l'étude de COMMAND.COM chapitre 16 et aux pages consacrées à la récursivité chapitre 21. Les lignes du fichier qui suit ont été numérotées pour en faciliter l'analyse. Il va de soi qu'il ne faut pas reproduire ces numéros.

```
[1]  @echo off
[2]  rem memhome.bat
[3]  set oldprompt=%prompt%
[4]  rem>!-_@#.bat
[5]  prompt=$n:$_cd $p
[6]  command/c !-_@# > retour.bat
[7]  prompt=%oldprompt%
[8]  echo.
[9]  echo Le répertoire
[10] cd
[11] echo est mis en mémoire.
[12] echo.
[13] echo On peut le réintégrer par la ✂
commande RETOUR.
[14] echo.
[15] del !-_@#.bat
[16] set oldprompt=
```

Ces techniques méritent quelques explications:

Il faut d'abord se fixer le but à atteindre, en l'occurrence générer une commande qui reprenne exactement les ordres nécessaires au retour dans le répertoire courant à partir de tout répertoire et de tout disque. Il faut donc indiquer le disque courant, entrer un retour chariot, indiquer le répertoire courant et confirmer par un autre retour chariot, par exemple:

```
< C: >
< ENTER >
< CD C:\DOS\SYSTEME >
< ENTER >
```

Commençons par sauvegarder le PROMPT, qui va être modifié, ce qui nous permettra de le récupérer facilement en fin de batch. Puis créons un fichier vide qui nous servira plus tard, avec un nom improbable pour ne pas écraser un fichier existant (ligne 4). La ligne 5 est très intéressante: on modifie le PROMPT pour qu'il affiche le disque actif ($n), auquel on ajoute le caractère ":" pour qu'à l'arrivée on obtienne < C: > et non < C >. On simule le retour chariot par le passage à la ligne ($_) et l'on termine par l'ordre CD suivi du chemin menant au répertoire courant ($p).

Ce PROMPT simule maintenant parfaitement la commande souhaitée, mais il faut encore trouver le moyen de le transformer en fichier batch pour l'exécuter. On y parvient par la ligne 6, qui appelle un second processeur de commande le temps d'exécuter le batch vide !-_@#.bat créé ligne 4. Cette même ligne 6 redirige le résultat de l'exécution de !-_@#.bat vers le fichier RETOUR.BAT. Comme !-_@#.bat est vide, RETOUR.BAT ne contient rien à part le PROMPT actif au moment où !-_@#.bat a été lancé, mais c'est justement ce qui nous intéressait! Il suffit maintenant de faire le ménage: rétablir l'ancien PROMPT (ligne 7), effacer la variable d'environnement nous ayant servi à sauvegarder le PROMPT, se débarrasser du batch vide (lignes 15 et 16), et le tour est joué!

Notez que dans cet exemple le fichier RETOUR.BAT est créé dans le répertoire courant. Après changement de répertoire, on réintègre donc son répertoire d'origine en tapant simplement RETOUR. Le problème est que l'on n'a accès à ce répertoire que s'il est dans le PATH. Mieux vaut sans doute créer RETOUR.BAT dans un répertoire dont on est sûr qu'il figure dans le PATH, par exemple C:\DOS. La ligne 6 deviendrait donc:`

```
COMMAND/C !-_@# >C:\DOS\RETOUR.BAT.
```

Après analyse il apparaît que la technique, bien qu'un peu tarabiscotée, n'a en fait rien de compliqué. Elle mérite un examen attentif, car elle est riche et peut être utilisée en de nombreuses occasions.

Chapitre 15

Gérer l'écran et le clavier avec ANSI.SYS

Le fichier ANSI.SYS est un gestionnaire de console, qui permet de mieux contrôler l'écran et le clavier: modification des couleurs, réaffectation des touches, création de macros, effets spéciaux. Ce programme est résident, mais utilise un nombre modeste de kilo-octets variable selon les versions du DOS. Il ralentit très légèrement l'affichage mais permet de mieux contrôler l'écran et le clavier. Pour cette raison il est considéré par beaucoup comme indispensable. Pour pouvoir l'utiliser, il faut qu'il soit déclaré au moment de l'allumage de la machine. Pour cela il faut ajouter la ligne suivante à son fichier CONFIG.SYS:

```
DEVICE=ANSI.SYS
```

ou

```
DEVICE=C:\DOS\ANSI.SYS
```

si ANSI.SYS est situé dans le répertoire \DOS du disque C.

Notons que l'on peut parfaitement remplacer ANSI.SYS par d'autres gestionnaires de console, souvent plus rapides, que l'on trouve parmi les logiciels appartenant au Domaine Public, par exemple NANSI ou ZANSI, ou distribués en Shareware, par exemple FANSI-CONSOLE.

Les commandes ANSI se répartissent en deux blocs: celles permettant d'agir sur le clavier et celles permettant d'agir sur l'écran.

Gestion du clavier

Un des moyens les plus commodes pour envoyer des commandes ANSI est d'inscrire ces dernières dans un fichier-texte et d'afficher ce dernier à l'écran par TYPE, par exemple: TYPE FICHIER-TXT. On peut également utiliser la commande PROMPT, ou utiliser un petit programme écrit en assembleur pour générer le caractère ESCAPE à partir de la ligne de commande.

➢ *Réaffectation d'une touche du clavier par une autre*

ANSI permet de changer l'affectation d'une touche. L'intérêt de cette manœuvre n'apparaît pas clairement à ce seul énoncé, parce que l'on n'a pas réfléchi à tout ce que cette possibilité pouvait apporter. Mais chacun d'entre nous a des préférences et regrette que le concepteur de son clavier n'ait pas mis une touche à un endroit plutôt qu'à un autre. Il arrive aussi que l'on désire modifier la disposition des touches pour une session, pour faciliter la rentrée d'informations d'un type bien particulier. Ce sera maintenant possible grâce aux explications qui suivent.

Syntaxe:

Pour réaffecter une touche:

```
ESC[c1;c2p ou ESC["x";"y"p
```

avec c1 indiquant le code ASCII du caractère à redéfinir et c2 le code ASCII du caractère de substitution.

Exemple:

Pour remplacer le point-virgule d'un emploi rare par un point, de façon à disposer de ce dernier que l'on soit en majuscules ou en minuscules, on écrira:

```
PROMPT $e[59;46p        (qui remplace ";" par ".")
```

Quant au point-virgule, il sera réaffecté à une autre touche d'emploi encore plus rare, par exemple celle de code ASCII 230 utilisée pour mettre un chiffre au carré. Si l'on ne se souvient pas du code approprié, on peut remplacer ce dernier directement par le caractère à condition de placer ce dernier entre guillemets. La commande ci-dessus peut donc aussi s'écrire:

```
PROMPT $e[59;"."p  ou encore PROMPT $e[";";46p
ou encore PROMPT $e[";";"."p
```

On revient à la normale en réaffectant son propre code à une touche:

```
PROMPT $e[59;59p
```

qui remet le point-virgule à sa place.

On peut également réaffecter des touches par la méthode suivante, non documentée dans les livres:

```
ESC["c1c2"p     par exemple ESC["&\"p
```

➢ *Affectation de chaînes de caractères aux touches*

Changer une touche pour une autre est bien mais on peut aller beaucoup plus loin en réaffectant à une touche une chaîne de caractères, ce qui permet de créer des macro-commandes. Les touches affectées n'ont pas besoin d'être les touches normales, ce qui serait gênant, mais peuvent être les touches de fonctions ou des combinaisons appelées grâce aux touches ALT ou CTRL. Voyons comment:

Syntaxe:

```
PROMPT $e[c;"chaîne"p
```

avec < c > indiquant le code ASCII de la touche à réaffecter et avec < chaîne > représentant une suite de caractères quelconques.

Exemples:

```
PROMPT $e[38:"dir"p
```

qui remplace le caractère "&" par "dir"

```
PROMPT $e[0;113;"Dir A:";13p
```

qui remplace "ALT-F10" par "Dir A:" suivi de "ENTER".

Ce deuxième exemple est très intéressant: il démontre que l'on peut non seulement remplacer une touche par une chaîne de caractères quelconques, mais que l'on peut substituer à une combinaison de touches inutile comme ALT-F10 une macro-commande exécutable comme "Dir A: suivi de Enter". On peut en effet placer n'importe quoi dans la chaîne de substitution, en particulier des appels à la touche ENTER. Pour cela on intègre le chiffre 13, représentant la valeur de la touche ENTER, dans la macro-commande. On peut en particulier créer de véritables suites de commandes appelables d'une simple touche, par exemple:

```
PROMPT $e[0;113;"Dir a:";13;"pause";13;"dir b: ✂
/w";13p
```

qui liste les fichiers contenus dans le lecteur A:, effectue une pause puis liste le lecteur B:. Il va de soi que l'on peut trouver des commandes plus intéressantes que celles proposées ici à titre d'exemple. Chacun trouvera sans doute matière à développement selon ses propres utilisations.

Pour profiter pleinement de ces possibilités nouvelles, il faut connaître les valeurs décimales des touches du clavier et celle des touches de fonction reprogrammables par PROMPT. Les voici en deux tableaux:

➢ *Codes étendus du clavier*

Code Etendu	Touche(s) correspondante(s)
15	MAJ TAB
16-25	ALT Q,W,E,R,T,Y,U,I,O,P
30-38	ALT A,S,D,F,G,H,J,K,L
44-50	ALT Z,W,C,V,B,N,M
59-68	F1-F10 Touches de fonction
71	Début

Code Etendu	Touche(s) correspondante(s)
72	Curseur: flèche-haut
73	Page-haut et curseur début
75	Curseur: flèche-gauche
77	Curseur: flèche-droite
79	Fin
80	Curseur: flèche bas
81	Page-bas et curseur début
82	Ins
83	Sup
84-93	MAJ F1-F10
94-103	CTRL F1-F10
104-113	ALT F1-F10
114	CTRL PRTSC
115	CTRL Curseur flèche-gauche
116	CTRL Curseur flèche-droite
117	CTRL FIN
118	CTRL Page Bas
119	CTRL Début
120-131	ALT 1,2,3,4,5,6,7,8,9,0,-,=
132	CTRL Page haut

➢ *Codes des touches de fonction*

TOUCHE	SEULES	+ SHIFT	+ CTRL	+ ALT
F1	0;59	0;84	0;94	0;104
F2	0;60	0;85	0;95	0;105
F3	0;61	0;86	0;96	0;106
F4	0;62	0;87	0;97	0;107
F5	0;63	0;88	0;98	0;108
F6	0;64	0;89	0;99	0;109
F7	0;65	0;90	0;100	0;110
F8	0;66	0;91	0;101	0;111
F9	0;67	0;92	0;102	0;112
F10	0;68	0;93	0;103	0;113
F11	0;133	0;135	0;137	0;139
F12	0;134	0;136	0;138	0;140

Pour utiliser le plus commodément possible les touches que vous désirez reconfigurer à titre définitif, intégrez les commandes correspondantes dans votre AUTO-EXEC.BAT de façon à ce qu'elles se lancent automatiquement dès l'allumage de l'ordinateur, par exemple:

PROMPT	Remplace
prompt $e[59;46p	; par .
prompt $e[21;92p	§ par \
prompt $e[0;112;"Dir a:*.*";13p	Alt-F9 par Dir A: et Enter
prompt $e[0;113;"Dir b:*.*";13p	Alt-F10 par Dir B: et Enter)
prompt $e["&";";"p	& par ;
prompt pg	

A noter que la plupart des appareils ne permettent pas la gestion des touches de fonction F11 et F12. Pour les utiliser il faut se procurer un utilitaire comme NEWKEYS.COM DE Ch. Petzold, distribué en Freeware.

Gestion de l'écran

ANSI.SYS ne limite pas ses bienfaits au seul clavier et permet également de gérer l'écran en contrôlant le curseur, l'effacement de l'écran, le mode graphique utilisé et les couleurs utilisées. Nous allons voir comment.

➢ *Gestion du curseur*

Un certain nombre de commandes permettent de commander le curseur:

Commande	Syntaxe	Défaut	Exemple
Déplace le curseur vers le haut	ESC[xA	x=1	ESC[7A
Déplace le curseur vers le bas	ESC[xB	x=1	ESC[7B
Déplace le curseur vers la droite	ESC[xC	x=1	ESC[7C
Déplace le curseur vers la gauche	ESC[xD	x=1	ESC[7D
Positionne le curseur	ESC[l;cH	L=1, C=1	ESC[11;35H
Positionne le curseur (autre façon)	ESC[l;cf	L=1, C=1	ESC[11;35f
Mémorise la position du curseur	ESC[s		ESC[s
Restaure la position du curseur	ESC[u		ESC[u
Indique la position du curseur	ESC[6n		ESC[6n

avec, dans la colonne Syntaxe, L=ligne et C=colonne.

Ces commandes peuvent être utilisées dans un fichier batch pour placer le curseur à l'endroit désiré ou pour produire certains effets spéciaux.

➢ *Effacement de l'écran*

ANSI.SYS permet d'effacer tout ou partie de l'écran, selon les modalités suivantes:

Commande	**Syntaxe**	**Défaut**
Efface une ligne	ESC[xK	x=0
Effet	**Option**	**Exemple**
Du curseur à la fin de la ligne	x=0	ESC[K
Du début de la ligne au curseur	x=1	ESC[1K
Toute la ligne	x=2	ESC[2K

Commande	**Syntaxe**	**Défaut**
Efface l'écran	ESC[xJ	x=0
Effet	**Option**	**Exemple**
Du curseur à la fin de l'écran	x=0	ESC[J
Du haut de l'écran au curseur	x=1	ESC[1J
Tout l'écran	x=2	ESC[2J

La commande CLS, utilisée souvent pour effacer l'écran, n'est autre chose que ESC[2J. Pour s'en convaincre, il suffit de tester le petit batch CLS.BAT suivant:

```
@echo off
rem CLS.BAT
cls > testcls
type testcls
pause
del testcls
```

➢ *Gestion du mode de l'écran*

L'utilisateur peut se placer dans le mode graphique de son choix à l'aide des commandes suivantes:

Commande	**Syntaxe**	**Défaut**
Change l'écran de mode	ESC[=xh	
Effet	**Option**	**Exemple**
Texte monochrome, 40x25	x=00	ESC[=0h
Texte 16 couleurs, 40x25	x=01	ESC[=1h
Texte monochrome, 80x25	x=02	ESC[=2h
Texte 16 couleurs, 80x25	x=03	ESC[=3h
Graphique 4 couleurs, 320x200	x=04	ESC[=4h
Monochrome, 320x200	x=05	ESC[=5h
Graphique 2 couleurs, 640x200	x=06	ESC[=6h
Graphique 16 couleurs, 320x200	x=13	ESC[=13h
Graphique 16 couleurs, 640x200	x=14	ESC[=14h
Graphique monochrome, 640x350	x=15	ESC[=15h
Graphique 16 couleurs, 640x350	x=16	ESC[=16h
Graphique 2 couleurs, 640x480	x=17	ESC[=17h
Graphique 16 couleurs, 640x480	x=18	ESC[=18h
Graphique 256 couleurs, 320x200	x=19	ESC[=19h

Commande	**Syntaxe**	**Défaut**
Passage à la ligne après 80 car.	ESC[xh	ESC[xl
Effet	**Option**	**Exemple**
Active le passage à la ligne	x=7	ESC[=7h
Désactive le passage à la ligne	x=7	ESC[=7l

➢ *Gestion des couleurs et des effets spéciaux*

Pour finir, ANSI.SYS permet de choisir ses propres couleurs, tant pour l'avant-plan, que pour le fond d'écran. La syntaxe à employer est la suivante:

Syntaxe:

```
ESC[nm
```

avec n à choisir parmi les valeurs suivantes:

VALEUR	SIGNIFICATION	AVANT PLAN	COULEUR	FOND	COULEUR
0	Pas d'attributs	30	Noir	40	Noir
1	Intensité maximale	31	Rouge	41	Rouge
2	Intensité normale	32	Vert	42	Vert
		33	Jaune	43	Jaune
4	Soulignement (mono)	34	Bleu	44	Bleu
5	Clignotement	35	Magenta	45	Magenta
		36	Cyan	46	Cyan
7	Vidéo inverse	37	Blanc	47	Blanc
8	Texte invisible				

Exemple:

```
ESC[41m
```

qui donne un arrière-plan rouge, ESC[32;43m donne des lettres vertes sur fond jaune.

Chapitre 16

Utiliser COMMAND.COM

On utilise tous COMMAND.COM, parfois en l'ignorant tel monsieur Jourdain faisant de la prose sans le savoir: COMMAND.COM est en effet le processeur de commandes du DOS, servant d'intermédiaire entre les ordres donnés par l'utilisateur et leur exécution. C'est lui qui se cache derrière l'invite "C>" du DOS en attendant les commandes. A chaque fois qu'on lance un ordre, on utilise COMMAND.COM. Ce programme présente un grand intérêt dans certains types de batch. Nous allons voir ci-dessous pourquoi.

Sortie en DOS grâce à COMMAND.COM

COMMAND.COM peut être chargé plusieurs fois. Cette manœuvre, qui semble apparemment n'avoir d'autre action que de diminuer la mémoire utilisable, s'avère toutefois utile pour "sortir en DoS" durant l'exécution d'un batch, c'est-à-dire pour interrompre provisoirement l'exécution, le temps de lancer quelques ordres Dos: pour cela il suffit d'intégrer un appel à COMMAND.COM dans le batch. On sort de ce processeur secondaire par EXIT.

Exemple:

```
@echo off
if not exist BACKUP.LOG echo Sortie en DOS.
Retour par EXIT.
if not exist BACKUP.LOG command
```

Ces lignes permettent d'interrompre le batch pour prendre toutes mesures utiles, si le fichier BACKUP.LOG n'est pas présent sur le répertoire actif.

➢ *Appeler un autre batch, imbriquer des commandes FOR .. IN.. DO*

Une autre possibilité très intéressante, l'option "/C" de COMMAND.COM, permet de lancer une commande et de revenir à l'interpréteur de commandes originel sans avoir à utiliser EXIT. Cette possibilité était très utilisée avant l'apparition de la commande CALL, intégrée dans la version 3.3 du DOS, pour appeler un batch d'un autre fichier batch.

L'utilisation de < COMMAND /C > présente un certain nombre d'inconvénients par rapport à CALL: cette méthode est plus lente, ne gère pas l'état de ECHO ce qui fait qu'il faut débuter le nouveau fichier par @ECHO OFF si l'on désire un écran propre, et surtout ne permet pas de conserver les éventuelles modifications apportées à l'environnement: l'environnement maître redevient le même qu'avant l'appel à COMMAND.COM.

Ces inconvénients sont cependant faibles comparés à l'intérêt de COMMAND /C, qui permet d'imbriquer des commandes FOR .. IN .. DO et de lancer une commande pendant que le premier processeur de commandes redirige toute l'action dans un fichier à fin d'analyse ou d'utilisation ultérieure. On verra l'immense intérêt de cette propriété à la section “Programmes et précisions techniques” de ce chapitre.

Notons pour finir que si COMMAND.COM n'est pas placé dans un répertoire contenu dans le PATH, on peut l'appeler par %COMSPEC% /C, à condition bien entendu que la variable %COMSPEC% ait été placée dans l'environnement, normalement de l'AUTOEXEC.BAT.

Programmes et précisions techniques

La possibilité de lancer une commande à partir d'une copie du processeur de commandes pendant que le premier processeur de commandes redirige l'action dans un fichier, couplée aux possibilités offertes par la commande PROMPT, permet d'intégrer dans un fichier des séquences qui autrement seraient impossibles à entrer.

On ne peut par exemple créer, par la commande ECHO, un fichier comportant des symboles de redirection à partir d'un batch. Ce problème est très pénible quand un batch a besoin d'un second batch pour fonctionner: l'idéal, pour ne pas avoir à compter sur la présence toujours hypothétique de ce deuxième batch, consiste à créer ce dernier à partir du premier. Cette technique est malheureusement impossible à mettre en œuvre dès que le deuxième batch comprend des symboles de redirection.

Prenons un exemple, et essayons de générer un fichier à partir d'un batch. Commençons par un cas sans problèmes:

```
@echo off
ECHO echo C'est le deuxième batch qui ✂
fonctionne! >batch2.bat
ECHO echo On revient au premier!>> batch2.bat
ECHO C'est le premier batch, le second arrive
CALL batch2.bat
ECHO On est revenu au premier batch, qui va ✂
maintenant stopper
DEL batch2.bat
```

On a créé un second fichier batch nommé BATCH2.BAT, qui comprend les lignes suivantes:

C'est le deuxième batch qui fonctionne! On revient au premier!

La manœuvre fonctionne parfaitement. Il va de soi que dans un batch réel on remplacerait ces commandes par quelque chose de plus percutant, mais le but de la manœuvre est de démonter les mécanismes d'une technique intéressante.

Passons maintenant à plus complexe: on désire introduire dans BATCH2.BAT une ligne contenant le signe “>”, par exemple DIR > LOG. Cela donnerait:

```
[1] @ECHO OFF
[2] ECHO echo C'est le deuxième batch qui ✂
fonctionne! >batch2.bat
[3] ECHO DIR > LOG >> BATCH2.BAT
[4] ECHO echo On revient au premier!>> batch2.bat
[5] ECHO C'est le premier batch, le second arrive
[6] CALL batch2.bat
[7] ECHO On est revenu au premier batch, qui ✂
va maintenant stopper
[8] DEL batch2.bat
```

L'exécution de ce batch se heurte à une impossibilité car la ligne 3, inscrite en majuscules, est fautive: elle comprend une suite de symboles de redirection incompréhensible pour le DOS. On tourne la difficulté de la façon suivante:

```
[1]  @ECHO OFF
[2]  REM REDIRBAT.BAT
[3]  CLS
[4]  ECHO.
[5]  ECHO Ce batch explique la technique ✂
utilisée pour créer un fichier
[6]  ECHO comprenant des opérateurs de ✂
redirection à partir d'un batch.
[7]  ECHO.
[8]  ECHO Le premier batch en crée un second ✂
contenant: DIR ">" LOG.
[9]  ECHO.
[10] ECHO Le fichier LOG va être créé.
[11] ECHO.
[12] SET OLDPROMPT=%PROMPT%
[13] REM > TEMP1.BAT
[14] PROMPT=DIR $g LOG
[15] COMMAND /C TEMP1.BAT > TEMP2
[16] SET PROMPT=%OLDPROMPT%
[17] DEL TEMP1.BAT
[18] ECHO echo C'est le deuxième batch qui ✂
fonctionne! > batch2.bat
[19] ECHO echo. >> batch2.bat
[20] COPY batch2.bat + temp2 > nul
[21] ECHO echo Le fichier LOG a été créé!>> ✂
```

```
batch2.bat
[22] CALL BATCH2.BAT
[23] ECHO.
[24] ECHO On est revenu au premier batch, qui ✂
va maintenant stopper.
[25] ECHO.
[26] DEL TEMP2
[27] DEL BATCH2.BAT
[28] SET OLDPROMPT=
[29] ECHO.
[30] ECHO Appuyez sur une touche pour ✂
visionner LOG
[31] PAUSE > NUL
[32] MORE < LOG
```

La démarche utilisée dans ce fichier présente un énorme intérêt et peut servir à résoudre nombre de problèmes de ce type. Suivez-en consciencieusement l'analyse:

On commence par sauvegarder le PROMPT actuel (ligne 12). On crée ensuite (ligne 13) un fichier batch vide nommé TEMP1.BAT, qui servira un peu plus tard. A la ligne suivante on modifie le PROMPT pour qu'il affiche la chaîne de caractères "DIR > LOG": la consultation des méta-caractères utilisés en relation avec PROMPT montre que le symbole $g représente justement le caractère ">".

On appelle ensuite un second processeur de commande pour qu'il exécute le fichier batch vide créé ligne 13 et on redirige le résultat de cette action dans un fichier nommé TEMP2 (ligne 15). Comme le batch était vide, l'action est inexistante et seul s'inscrit dans le fichier TEMP2 le PROMPT actif au moment de l'appel à TEMP1.BAT. Et comme le monde est bien fait, ce PROMPT contient justement la chaîne qui nous intéressait, à savoir DIR > LOG.

Il faut maintenant intégrer cette chaîne dans le fichier BATCH2.BAT qu'il faut aussi créer. On rétablit l'ancien

PROMPT ligne 16, et l'on efface TEMP1.BAT qui ne sert plus à rien à la ligne suivante. Aux lignes 18 et 19 on crée BATCH2.BAT, tandis que la ligne 20 permet d'ajouter par concaténation le contenu de TEMP2 à BATCH2.BAT.

La ligne 21 entonne un chant de gloire qui sera inscrit en lettres de feu dans ce nouveau fichier, appelé à la ligne 22. Les lignes suivantes font le ménage et affichent le fichier LOG ainsi créé pour vérifier le succès de la manœuvre.

Chapitre 17

Copier avec **COPY** *et* **XCOPY**

La copie d'un fichier, permise par les deux programmes COPY et XCOPY, est un acte de tous les jours: sans doute l'un des plus courants mais aussi l'un des plus méconnus, les utilisateurs n'exploitant qu'une partie infime des ressources de ces programmes. Que faut-il en savoir que la plupart des gens ignorent? C'est ce que nous allons voir maintenant.

COPY

COPY est le plus utilisé des deux programmes cités, mais pas forcément le meilleur. Il a plus de cordes à son arc que XCOPY mais est nettement moins puissant en possibilités de copie pure. Nous verrons pourquoi lorsque nous étudierons XCOPY. Rappelons auparavant comment utiliser COPY:

Syntaxe:

```
COPY [/A|/B] source [/A|/B]✂
     [+ source [/A|/B] [+ ...]]✂
     [destination [/A | /B]] [/V]
```

Précisions:

Source	est le fichier à copier;
/A	indique qu'il s'agit d'un fichier texte;
/B	indique qu'il s'agit d'un fichier binaire;
Destination	est le répertoire ou fichier de destination;
/V	vérifie si la copie est lisible.

Exemples:

```
COPY *.* A:

COPY C:\COURRIER\LETTRE D:\TEXTES\DOUBLES

COPY /B VOIR.EXE + VOIR.DOC VOIR-DOC.EXE
```

Fonction:

Copier des fichiers d'un endroit à un autre mais aussi les concaténer, c'est-à-dire les ajouter bout à bout.

Utilité:

L'utilité d'un programme comme COPY n'est plus à démontrer. Sans lui il serait en effet presque impossible d'échanger des données avec d'autres utilisateurs.

COPY ne se borne pas à permettre la copie de fichiers mais possède également des vertus dont on ne sait pas toujours tirer parti. Voyons lesquelles:

➢ *Modifier la date et l'heure d'un fichier avec COPY*

Il est souvent utile de comparer les dates de deux fichiers, pour savoir lequel est le plus récent. Pour cela il faut qu'ils portent une date correcte. Pour diverses raisons ce n'est parfois pas le cas, et le problème se pose de mettre la date d'un fichier à jour. Comment? La solution existe, par concaténation. On sait qu'un fichier nouvellement créé ou modifié prend la date du jour: il suffit donc de modifier ce fichier suffisamment pour qu'il change de date, mais pas assez pour qu'il soit réellement modifié. Pour cela on va le concaténer avec rien. La manœuvre est illustrée par le fichier GIVEDATE.BAT:

```
@echo off
rem GIVEDATE.BAT donne la date et l'heure du ✂
jour à des fichiers.
if %1!==! goto aide
for %%A in (%1 %2 %3 %4 %5 %6 %7) do if exist ✂
%%A copy /b %%A+,,>nul
echo.
for %%A in (%1 %2 %3 %4 %5 %6 %7) do echo %%A ✂
à l'heure et la date du jour
echo.
goto end
```

```
:AIDE
echo.
echo But: Donner la date du jour à un fichier
echo Syntaxe:%0 Fichier1 Fichier2 .. Fichier7 ✂
à traiter (Jokers admis)
echo.
:END
```

Le moteur de la commande est:

```
COPY /B FICHIER + ,,
```

qui copie le fichier avec l'ensemble vide <„>.

Notez le paramètre </B>, d'une importance vitale. Par défaut COPY, qui manipule constamment des fichiers binaires, utilise l'option /B (Binaire) grâce à laquelle l'intégralité du fichier concerné est copié sans tenir compte des caractères CTRL-Z. Ce n'est plus vrai en cas de concaténation: le DOS suppose en effet que les fichiers concernés sont des fichiers-texte et utilise l'option /A (Ascii). COPY s'arrête alors au premier caractère CTRL-Z, qui signifie pour le DOS la fin d'un fichier-texte.

Cette supposition par défaut est d'ailleurs assez normale car la plupart du temps il ne sert à rien de concaténer des fichiers binaires: si l'on rajoute bout à bout Excel, Word et Foxpro, on n'obtiendra certainement pas le dernier cri en matière d'intégré! Les fichiers binaires, qui comportent normalement plusieurs caractères CTRL-Z, risquent donc d'être tronqués en cas de concaténation. On résout le problème en forçant l'option binaire par le paramètre </B>.

➢ *Visionner un fichier avec COPY*

Il arrive de vouloir visionner un fichier à l'écran sans avoir sous la main l'utilitaire adéquat. Aucun problème avec un fichier texte, qui peut être affiché à l'écran par:

```
TYPE FICHIER
```

Le texte défilera toutefois trop rapidement pour qu'on puisse le lire. On peut certes interrompre provisoirement l'affichage par CTRL-S, mais ce n'est pas commode. La commande suivante est donc plus appropriée:

```
TYPE FICHIER | MORE
```

ou mieux encore:

```
MORE < FICHIER
```

la redirection étant plus rapide que le chaînage.

Mais un problème se pose si le fichier est de type binaire: TYPE, créé pour l'affichage de texte, s'arrêtera à la première apparition d'un caractère CTRL-Z qui marque comme on l'a déjà dit la fin d'un fichier-texte pour le DOS.

On peut cependant contourner la difficulté par la commande:

```
COPY /B PROGRAMME CON
```

qui copiera le fichier vers la console, c'est-à-dire l'affichera à l'écran, sans s'arrêter aux caractères CTRL-Z. Ne pas se formaliser des nombreux bips rageurs qui accompagneront sans doute la manœuvre. Il s'agit de caractères CTRL-G, de code ASCII 7, générant une courte sonnerie: la matière a horreur d'être dominée par l'esprit, c'est connu.

➢ *Vérifier la lisibilité d'un fichier avec COPY*

Il arrive de recevoir des disquettes sans avoir le temps ou l'envie de tester les programmes qu'elles contiennent. On se réserve de les savourer le jour où l'on en aura vraiment le temps. Ces disquettes finissent par traîner plusieurs semaines ou mois avant d'être vraiment regardées de près. Si un problème de lecture se pose alors il devient délicat de faire une réclamation, l'expéditeur pouvant à bon droit considérer l'affaire comme classée. COPY donne la solution à ce dilemme: vérifier rapidement la lisibilité des disquettes sans perdre du temps à essayer les programmes.

Pour ce faire il suffit de copier les fichiers concernés vers la destination nulle, grâce au fichier VERIFPRG.BAT:

```
@echo off
rem VERIFPRG.BAT
if %1!==! goto aide
if not %2!==! goto aide
COPY %1 NUL /B
goto end

:AIDE
echo.
echo But: Vérifier la lisibilité de fichiers.
echo Syntaxe %0 Fichier à tester (Jokers admis).
echo.
echo Exemple: %0 A:*.*
echo.
:END
```

VERIFPRG vérifie la lisibilité d'un fichier ou même d'une disquette (par la commande VERIFPRG A:*.* par exemple). Si aucun message d'erreur n'apparaît durant la manœuvre, on peut dormir sur ses deux oreilles et ranger tranquillement la disquette: elle est parfaitement lisible. Là encore, ne pas oublier l'option /B qui seule permet de copier l'intégralité des fichiers binaires et donc de tester complètement les fichiers concernés.

➢ *Créer un fichier sans traitement de texte*

On peut créer un fichier sans traitement de texte grâce à COPY, en utilisant la procédure suivante, déjà décrite au chapitre premier mais que nous allons rappeler brièvement:

```
COPY CON NOM_DU_FICHIER_A_CREER <ENTER>.
```

Le terme CON signifie “CONsole” c’est-à-dire l’ensemble formé par le clavier et l’écran. On entre le texte désiré en passant à la ligne par < Enter > lorsque c’est nécessaire. On termine le fichier en appuyant sur la touche de fonction < F6 > puis sur < Enter >, et le fichier est créé sur le disque. Le message “Un fichier copié” s’affiche pour indiquer que l’opération s’est déroulée avec succès.

➢ *Modifier un fichier sans traitement de texte avec* COPY

On peut se passer de traitement de texte pour rajouter quelques lignes à un fichier en cas d’urgence. Supposons que l’on veuille rajouter les commandes:

```
CD \LOTUS
123
```

à son AUTOEXEC.BAT. Pas besoin de mobiliser l’artillerie lourde. Il suffit de taper ce qui suit, en appuyant sur < ENTER > à chaque fin de ligne:

```
COPY AUTOEXEC.BAT + CON  <Enter>
CD \LOTUS  <Enter>
123  <Enter>
^Z   <Enter>
```

Cette technique consiste à prendre le fichier auquel on désire adjoindre des lignes et à le concaténer à la console, c’est-à-dire au clavier. On commence par taper la commande COPY AUTOEXEC.BAT + CON, on valide par < ENTER > puis on tape le texte désiré en passant à la ligne quand il le faut par l’appui sur < ENTER >. On conclut la manœuvre en marquant la fin du fichier par la création du caractère CTRL-Z. Pour cela on maintient la touche CTRL enfoncée et l’on appuie sur z ou Z, ou beaucoup plus simplement encore on appuie sur la touche de fonction F6. On enregistre la manœuvre par < ENTER >, et le tour est joué.

➢ *Imprimer un fichier grâce à* **COPY**

On peut fort bien se passer de PRINT pour imprimer un texte, toujours grâce à COPY. L'ordre à utiliser est le suivant:

```
COPY FICHIER PRN
```

Cette technique évite d'encombrer la mémoire: PRINT est en effet un programme résident, qui utilise un nombre non négligeable de Kilo-octets.

➢ *Utiliser son ordinateur comme une machine à écrire*

COPY peut servir à taper un court texte directement sur l'imprimante, comme si l'on utilisait une machine à écrire, par:

```
COPY CON PRN
```

qui là encore concatène la console avec l'imprimante. Le résultat de ce mariage de la carpe et du lapin est tout bonnement l'impression du texte désiré! On utilise la technique déjà décrite plusieurs fois, qui doit être bien rodée maintenant: on écrit le texte désiré en passant à la ligne par ENTER et l'on met un terme à l'opération par l'appui sur F6 et sur ENTER. Le texte s'imprime alors.

➢ *Comparer des fichiers à partir d'un batch avec* **COPY**

Il est parfois nécessaire de vérifier si deux fichiers sont identiques ou non. Cette manœuvre, relativement aisée lorsqu'on est aux commandes de sa machine, devient plus problématique lorsqu'on opère à partir d'un fichier batch. La solution passe par l'exploitation d'une particularité peu connue de COPY: ce programme ne peut copier de fichier de taille nulle, tels ceux obtenus par la commande "REM > FICHIER". On tire parti de cette singularité de la façon suivante: on compare les fichiers à tester par la commande DOS "FC", on chaîne le résultat dans FIND en recherchant la chaîne "no" pour "no differences encountered" si l'on est en DOS américain et "aucune" pour "aucune différence rencontrée" si l'on est en DOS français, et l'on dirige le résultat de la recherche vers un fichier TEST, par la commande:

```
FC FICHIER1 FICHIER2 | FIND "no"> TEST
```

ou

```
FC FICHIER1 FICHIER2 | FIND "aucune"> TEST
```

selon le cas.

Si les deux fichiers de départ sont identiques, TEST existe et comprend la ligne "no differences encountered" ou "aucune différence rencontrée". S'ils sont différents TEST existe également mais possède une taille nulle. Pour vérifier si TEST possède une taille non nulle, on copie ce fichier sous un autre nom par:

```
COPY TEST TEST2
```

et l'on teste l'existence de TEST2 par la commande IF EXIST TEST2. Si TEST2 existe c'est que TEST avait une taille supérieure à 0 octet et donc que les deux fichiers à comparer étaient identiques, s'il n'existe pas c'est qu'ils étaient différents. Le fichier COMPFICH.BAT, une fois habillé, est le suivant:

```
@echo off
rem COMPFICH.BAT. Permet de comparer deux ✂
fichiers.
rem Pour DOS français.
if %2!==! goto aide
FC %1 %2 | FIND "aucune"> TEST.$$1
```

```
copy TEST.$$1 TEST.$$2 >nul
echo.
if exist TEST.$$2 echo %1 et %2 sont identiques.
if not exist TEST.$$2 echo %1 et %2 sont ✂
différents.
echo.
del test.$$?
goto end

:AIDE
echo.
echo %0 permet de vérifier si deux fichiers ✂
sont identiques.
echo Syntaxe: %0 %1 %2
echo.

:END
```

Les possesseurs de DOS américain devront changer la ligne 4 en:

```
FC %1 %2 | FIND "no"> TEST.$$1
```

➢ *Intégrer à un fichier sa documentation*

De nombreux utilitaires sont incompréhensibles sans documentation. On pense parfois bien connaître un programme, mais il suffit de ne pas l'utiliser quelque temps pour en oublier les possibilités les plus intéressantes. On s'arrache alors les cheveux en se demandant où l'on a bien pu mettre le fichier DOC accompagnant le programme. Voici une solution, théoriquement un peu douteuse mais qui semble ne pas poser de problèmes en pratique. Nous vous engageons toutefois à ne tenter l'expérience que sur des doubles de vos programmmes, et à ne pas détruire l'original.

La solution consiste tout bonnement à concaténer au programme sa documentation. Notez qu'en pratique cela n'est envisageable qu'avec de très courts fichiers d'aide, non avec un long texte. Le mieux est de n'ajouter qu'un seul écran d'aide. La manœuvre est la suivante:

```
COPY /B PROGRAMME + DOC
```

Ne pas oublier le switch < /B >, sinon votre programme risque d'être tronqué. Pour visionner le résultat, on utilisera un utilitaire du type Norton Utilities ou la commande:

```
COPY /B PROGRAMME CON déjà étudiée plus haut.
```

XCOPY

XCOPY (*Extended Copy*) représente une amélioration majeure par rapport à la commande COPY, surtout perceptible si l'on copie plusieurs fichiers ou si l'on traite des fichiers d'une taille supérieure à 64 Ko. Supposons par exemple que l'on copie 50 fichiers d'un répertoire vers un autre. COPY travaillera au coup par coup: il accèdera une première fois au disque source en lecture, ira écrire le fichier sur le disque cible, reviendra à la source pour une nouvelle lecture, ira écrire sur la cible... et ce autant de fois qu'il existe de fichiers à copier et autant de fois qu'un fichier dépasse 64 Ko. COPY ne peut en effet garder en mémoire plus de 64 Ko de données. Pour copier un fichier de 1 Mo, par exemple, il faudra à COPY 16 cycles de lecture-écriture. Ces allers et retours sont très pénalisants, surtout sur des supports lents comme les disquettes.

XCOPY utilise au contraire toute la mémoire disponible de l'ordinateur pour gérer la copie de façon beaucoup plus performante: il lit en une seule fois autant de données qu'il le peut et procède ensuite à leur écriture. Si la taille des fichiers et de la mémoire le permettent, les 50 fichiers peuvent être copiés d'un seul coup, alors qu'il faudrait au moins 50 manœuvres avec COPY. Autre avantage majeur, XCOPY peut copier d'un seul coup toute une structure de répertoires et replacer chaque fichier dans le répertoire qui est le sien.

Le seul défaut de XCOPY, léger au point d'être imperceptible, est d'être une commande externe nécessitant la présence de l'exécutable correspondant, contrairement à COPY qui est une commande interne. Mais qui n'a pas une version du DOS sur son disque dur?

Comment utiliser XCOPY? C'est très facile puisque sa syntaxe est pratiquement semblable à celle de COPY: il suffit donc dans un premier temps de rajouter un "X" devant COPY à chaque fois que l'on s'apprête à utiliser cette commande. Ainsi, au lieu de taper la commande:

```
COPY A:*.*
```

on utilisera:

```
XCOPY A:*.*
```

Par contre XCOPY ne prend pas en compte les dispositifs logiques. Il est ainsi impossible d'imprimer un texte par XCOPY FICHIER PRN.

➢ *Les options de XCOPY*

XCOPY possède un certain nombre d'options intéressantes, huit exactement, que l'on peut classer en quatre catégories: les paramètres concernant la copie, ceux concernant la date, ceux exigeant une action de l'utilisateur et ceux concernant la gestion des sous-répertoires. Voyons d'un peu plus près ces différentes possibilités:

- Paramètres de copie

  Les deux paramètres /A et /M permettent de ne copier que les fichiers dont le bit d'archivage est actif. Rappelons que le DOS affecte à tout fichier nouvellement créé ou modifié et non sauvegardé par BACKUP un bit d'archivage "A", pour "fichier à archiver".

/A A pour Archive. L'option /A ne modifie pas le bit d'archive une fois la copie effectuée par XCOPY.

/M M pour Modifié. Cette option est beaucoup plus intéressante que la précédente car elle annule le bit d'archivage des fichiers copiés, ce qui rend possible une sauvegarde incrémentale, copiant uniquement les fichiers créés ou modifiés depuis la dernière sauvegarde.

- Paramètre de date

/D D pour Date. Permet de copier les fichiers créés ou modifiés à partir d'une date donnée, par exemple:

```
XCOPY A:*.* C:\MARABOUT /D:23/04/1992
```

ne copie de A: vers C:\MARABOUT que les fichiers créés ou modifiés depuis le 23 avril 1992. Si le DOS affiche la date différemment sur votre ordinateur, en plaçant les mois avant les jours, il faudra évidemment modifier la commande:

```
XCOPY A:*.* C:\MARABOUT /D:04/23/1992.
```

- Paramètres exigeant une action de l'utilisateur

/W W pour Wait. La commande ne s'exécute qu'après appui sur une touche quelconque. Cette possibilité peut s'avérer utile dans un fichier batch pour laisser à l'utilisateur le temps de placer une disquette dans le lecteur.

/P P pour Prompt. Attend l'accord de l'utilisateur avant de copier chaque fichier sur le répertoire cible.

- Paramètre de vérification

/V V pour Vérifier. S'assure que le fichier est lisible après la copie.

- Paramètres concernant les sous-répertoires

/S S pour Sous-répertoires. Copie non seulement les fichiers du répertoire courant mais également ceux des sous-répertoires, en reproduisant la structure des répertoires sur la cible si elle n'existe pas. Un répertoire n'est toutefois pas reproduit sur la cible s'il est vide.

/E E pour Empty. Permet de recréer sur la cible tous les répertoires de la source, même ceux qui sont vides. S'utilise uniquement avec l'option /S et doit suivre cette dernière: XCOPY *.* A: /S /E.

➢ *Effectuer une sauvegarde complète de son disque avec XCOPY*

XCOPY remplace très avantageusement BACKUP pour réaliser une sauvegarde complète d'un disque dur. Il présente sur cette commande l'avantage de créer une sauvegarde immédiatement exploitable puisque les programmes sont copiés sous leur format natif, et sûre puisque l'on peut facilement vérifier la lisibilité des disquettes grâce au batch VERIFPRG.BAT exposé plus haut. Pour créer cette sauvegarde il faut commencer par placer tous les bits d'archivage en position active.

Pour cela on utilise la commande suivante, qui fonctionne à partir de la version 3.3 du DOS:

```
ATTRIB +A C:\*.* /S
```

Les possesseurs d'une version antérieure devront entrer l'ordre "ATTRIB +A *.*" pour chacun de leurs répertoires puisque l'option "/S", qui prend en charge les sous-répertoires, n'existe pas en ce qui les concerne.

Une fois les bits d'archivage actifs, assurez-vous de posséder suffisamment de disquettes vierges et formatées, introduisez une disquette en A: puis entamez la sauvegarde en lançant la commande:

```
XCOPY \*.* A: /S /M
```

ensuite réitérez la manœuvre à chaque fois que s'affiche un message indiquant qu'il n'y a plus de place sur la disquette. En procédant ainsi, vous sauvegarderez facilement l'intégralité de votre disque dur.

Chapitre 18

Gérer les répertoires avec **MD**, **RD** *et* **CD**

Pour se sentir à l'aise avec les commandes DOS, il faut impérativement dominer les commandes concernant la gestion des répertoires. Ces commandes, particulièrement simples, ont deux objets: la création et la suppression de répertoires d'une part, le déplacement dans l'arborescence des répertoires d'autre part.

Le chemin ou PATH

Un disque est normalement organisé en répertoires et sous-répertoires selon une structure dite arborescente. A son sommet se trouve la racine (la représentation habituelle de l'arbre est en effet inversée), d'où dérivent un certain nombre de répertoires eux-mêmes subdivisés en sous-répertoires. Le but du jeu est évidemment de regrouper tous les fichiers de même famille dans les mêmes répertoires afin de créer une classification permettant une utilisation aisée. Par exemple:

```
                       \ (Racine)
                       |
+---------+---------+--------+-------+
DOS      UTIL      EXCEL    WORD   TRAVAIL
          |                          |
    +-----+------+                COURRIER
  BATCH        NORTON
                 |
                TEST
```

On remarque que la racine est représentée par le signe "\", indifféremment appelé barre oblique inversée, backslash ou antislash. Les autres répertoires ou sous-répertoires portent un nom, normalement choisi comme le plus évocateur possible. Le "chemin" menant à un répertoire est la suite de répertoires qu'il faut traverser pour parvenir jusqu'à lui en partant de la racine. Pour parvenir à TEST, il faut passer par la racine, par UTIL et par BATCH. Son chemin est donc: \UTIL\BATCH\TEST ou mieux encore C:\UTIL\BATCH\TEST si le disque est < C: >. Remarquons que le premier antislash représente la racine mais que les suivants sont uniquement des symboles séparant les sous-répertoires entre eux. Cette notion de chemin est l'une des pierres angulaires d'une bonne compréhension du DOS.

MD

Pour créer un répertoire on utilise la commande MD, abréviation de *Make Directory*, suivi du nom du répertoire à créer. Les noms autorisés pour un répertoire et pour un fichier sont identiques, et peuvent donc comporter 8 lettres et une extension de 3 lettres bien que cette extension soit rarement utilisée avec les noms de répertoires.

Exemple:

```
MD COURRIER
```

crée dans le répertoire actif un sous-répertoire nommé COURRIER.

On peut également créer un sous-répertoire ailleurs que dans le répertoire courant, à condition de donner le chemin du répertoire à créer. Si l'on désire créer un sous-répertoire de C:\TRAVAIL nommé COURRIER, on dispose de deux solutions: soit se rendre dans le répertoire TRAVAIL par:

```
C:
```

puis:

```
CD \TRAVAIL
```

pour enfin créer COURRIER par:

```
MD COURRIER
```

soit créer ce répertoire de tout autre endroit en spécifiant le chemin par:

```
MD C:\TRAVAIL\COURRIER
```

Il est important de se sentir à l'aise dans ce type de manœuvres.

RD

Pour supprimer un répertoire on utilise la commande RD, abréviation de *Remove Directory*. Des conditions supplémentaires sont cependant requises avant que la manœuvre puisse être menée à bien: il ne faut pas se trouver dans le sous-répertoire à supprimer, et il faut que ce dernier soit vide c'est-à-dire ne comporte ni sous-répertoire ni fichiers. Si l'on veut supprimer le sous-répertoire COURRIER de C:\TRAVAIL\COURRIER créé au paragraphe ci-dessus, on dispose là encore de deux possibilités. Soit on se rend dans le répertoire TRAVAIL par:

```
C:
```

suivi de:

```
CD \TRAVAIL
```

et on lance la commande:

```
RD COURRIER
```

soit on supprime le sous-répertoire de tout autre endroit en spécifiant son chemin par:

```
RD C:\TRAVAIL\COURRIER
```

Ces notions de chemin sont de première importance et doivent être parfaitement assimilées.

CD

On change de répertoire par la commande CD, abréviation de *Change Directory*, suivi du nom du répertoire dans lequel on désire se rendre. Pour cette manœuvre, on peut fournir soit un chemin relatif soit un chemin absolu. Reprenons une structure de disque simplifiée et voyons à quoi cela correspond:

```
                \ (Racine)
                |
              UTIL
                |
   +------------+-------+
 BATCH                NORTON
   |
 TEST
```

➢ *Utilisation du chemin absolu*

Le chemin absolu d'un répertoire est celui qui permet de s'y rendre de tout endroit du disque dur. Supposons que l'on soit dans le répertoire BATCH et que l'on désire se rendre dans TEST. La commande:

```
CD \UTIL\BATCH\TEST
```

utilise le chemin absolu permettant de se rendre dans TEST de tout endroit du disque dur. Cette commande est un peu lourde mais fonctionnera toujours.

➢ *Utilisation du chemin relatif*

On peut employer un chemin relatif si l'on est dans un répertoire immédiatement supérieur ou inférieur de celui dans lequel on désire se rendre.

- Pour se rendre dans un répertoire immédiatement inférieur, il suffit de lancer la commande CD suivi du nom de ce répertoire, par exemple:

```
CD TEST
```

qui fonctionne uniquement si l'on se trouve dans le répertoire parent de TEST, c'est-à-dire BATCH.

- Pour se rendre dans un répertoire immédiatement supérieur, il suffit de lancer la commande:

```
CD..
```

Les deux points représentent toujours le répertoire-parent, de la même façon qu'un seul point représente le répertoire lui-même. Tentons une petite expérience: lançons la commande DIR. On verra s'afficher deux entrées curieuses, représentées par un simple point < . > et par un double point < .. >. Par exemple:

```
Volume in drive G has no label
Volume Serial Number is 2967-1CF7
Directory of G:\TRAVAIL\BOOK
.              <DIR>      27.01.92   14:51
 ..            <DIR>      27.01.92   14:51
 FR            <DIR>      27.01.92   14:52
 US            <DIR>      27.01.92   14:52
 CHAP1             16744 28.03.92   23:20
```

Le premier point représente le répertoire G:\TRAVAIL\BOOK dont on effectue le listage des fichiers, le double point représente son répertoire-parent, en l'occurrence G:\TRAVAIL.

C'est pour cette raison qu'il est possible d'utiliser le raccourci < CD .. >.

- Pour se rendre dans un répertoire-frère, on utilisera les raccourcis que l'on vient d'étudier pour se déplacer dans l'arborescence:

```
              \ (Racine)
              |
             UTIL
              |
      +-------+-------+
    BATCH           NORTON
      |
     TEST
```

- Pour se rendre de BATCH à NORTON, le plus simple est d'utiliser la commande:

  ```
  CD ..\NORTON
  ```

  qui demande de remonter au répertoire-parent et de redescendre de là dans le répertoire NORTON.
- Pour se rendre à la racine, on utilise la commande:

  ```
  CD \
  ```

  qui fait remonter directement au sommet de l'arborescence.

➢ *Autres particularités de la commande CD*

La commande CD présente un intérêt annexe: celui d'indiquer le répertoire courant quand elle est utilisée sans argument. Cette particularité est valable non seulement sur le disque en cours mais également sur les autres disques.

- Pour connaître le répertoire courant sur le disque en cours, on utilise la commande:

  ```
  CD
  ```

  sans argument. Le répertoire courant s'affiche alors. On peut récupérer ce nom dans un fichier par la méthode:

  ```
  CD > FICHIER
  ```

  ce qui peut être utile dans la construction de certains batchs.

- Pour connaître le répertoire courant sur un autre disque, on utilise la commande:

```
CD DISQUE_A_TRAITER, par exemple CD D:
```

Là encore le répertoire courant de ce disque s'affiche et peut être récupéré dans un fichier en procédant comme indiqué ci-dessus.

Chapitre 19

Optimiser avec AUTOEXEC.BAT et CONFIG.SYS

AUTOEXEC.BAT

L'AUTOEXEC.BAT est une des pierres angulaires d'une bonne configuration. Il permet de configurer son ordinateur pour une utilisation agréable et optimale. On l'utilise pour charger toutes les commandes DOS que l'on désire activer à chaque session, et en particulier:

➢ *COMSPEC*

Cette variable d'environnement indique au DOS où il peut recharger sa portion mobile. Cette spécification est indispensable quand le fichier COMMAND.COM est placé ailleurs qu'à la racine du disque, sous peine de voir parfois le système s'arrêter de fonctionner.

➢ *PATH*

Cette commande permet de spécifier des chemins de recherche au DOS.

Rappelons que si l'on désire utiliser un exécutable ne se trouvant pas dans le répertoire actif, il faut indiquer le chemin permettant d'accéder à ce programme, ce qui est pénible. On contourne ce problème par la commande PATH, qui demande au DOS de chercher dans tous les répertoires spécifiés dans le PATH si le programme appelé existe. Si oui il est exécuté, si non la recherche se poursuit dans les autres répertoires. Ce n'est que si le programme n'existe dans aucun des répertoires mentionnés dans le PATH que le message d'erreur: "Mauvais nom de commande ou de fichier" s'affiche.

➢ *APPEND*

APPEND étend aux fichiers de données les capacités de recherche dont PATH fait montre pour les fichiers exécutables.

➢ PROMPT

Dans sa configuration classique “PROMPT PG” affiche le disque et le répertoire courants, ce qui permet de s'y retrouver dans l'arborescence du disque. PROMPT peut également servir à reconfigurer des touches du clavier, fonction très utile mais malheureusement méconnue. Pour cela il faut que le gestionnaire de console ANSI.SYS soit chargé, en l'incluant dans CONFIG.SYS.

➢ KEYB FR

Ce gestionnaire est essentiel car il permet de charger en mémoire la table des caractères correspondant au clavier français, dit AZERTYUIOP.

➢ SHARE

Ce programme est normalement utilisé pour le partage de données en réseau.

Il peut cependant être nécessaire même en dehors d'un réseau car le DOS, depuis la version 4.0, autorise des partitions du disque dur de plus de 32 Mo. Dans ce cas le chargement de SHARE, non indispensable en théorie, est fortement conseillé en pratique pour éviter tout risque de corruption des données: un message DOS s'affiche d'ailleurs pour demander son chargement.

On rajoutera à ces commandes tout ce que l'on juge indispensable, par exemple un gestionnaire de mémoire cache accélérant la mise à disposition des données, un économiseur d'écran, un accélérateur de clavier et l'on terminera sans doute en inscrivant quelques valeurs en environnement, par exemple:

```
SET TEMP=C:\WINDOWS\TEMP
```

ou quelque chose d'approchant pour les utilisateurs de Windows.

CONFIG.SYS

L'autre fichier-clé est CONFIG.SYS, qui permet de fournir à l'ordinateur les informations utiles pour une configuration optimale, par exemple:

➢ *SHELL*

Cette commande permet d'indiquer au DOS où se trouve l'interpréteur de commande COMMAND.COM. On peut en profiter pour augmenter la taille de l'environnement, fixée par défaut par le DOS à un maigre 160 octets, par:

```
SHELL=C:\DOS\COMMAND.COM C:\ /E:1024 /P /F
```

Cet exemple suppose que le fichier COMMAND.COM se trouve situé dans le répertoire \DOS de < C: >, et que l'on désire disposer de 1024 octets d'environnement.

Le paramètre /E permet de fixer la taille de l'environnement:

- Avec les versions 3.0 et 3.1 du DOS, il faut indiquer cette taille en unités de 16 octets: si l'on indique 50, cela veut dire que l'on disposera de 800 octets. Le maximum est de 62, soit 992 octets.
- Avec les versions plus récentes du DOS, il suffit d'indiquer directement le nombre d'octets souhaités, jusqu'à 32 768 octets. Une taille de 512 à 1 024 octets est largement suffisante pour la majorité des utilisateurs.

Le paramètre /F, non documenté dans les ouvrages consacrés au DOS, est très utile. Il permet de ne pas perdre de temps quand on tente d'accéder à un lecteur de disquette vide: la manœuvre s'interrompt automatiquement sans qu'il soit besoin de patienter un long moment et de répondre au fameux message du DOS "Abort, Retrail, Fail?".

Ne pas oublier le paramètre </P> sans lequel l'AUTOEXEC.BAT ne serait pas exécuté.

➢ *COUNTRY*

Cette option permet d'indiquer ses préférences pour un pays déterminé: la date, les chiffres et autres données semblables seront présentés selon les usages en vigueur dans ce pays. Cette option utilise un chiffre différent pour chaque pays, qui est celui du code téléphonique international, 33 pour la France.

➢ *DOS=HIGH,UMB*

Cette commande, disponible depuis la version 5.0 du DOS, est très utile: elle permet d'utiliser les Upper Memory Blocks, blocs de mémoire supérieure, et de placer le noyau du DOS en mémoire haute ce qui libère d'autant les 640 Ko de mémoire conventionnelle. On récupère ainsi plusieurs dizaines de Kilo-octets.

➢ *DEVICE=HIMEM.SYS*

Les utilisateurs de Windows utiliseront avec profit le gestionnaire de mémoire Himem.sys qui permet d'utiliser les 64 Ko de mémoire étendue situés au-delà du premier Mo de mémoire vive.

➢ *DEVICE=C:\DOS\ANSI.SYS*

Le chargement d'ANSI.SYS, gestionnaire de console livré avec le DOS, est pratiquement obligatoire pour qui désire tirer pleinement parti de son écran et de son clavier. La présence d'ANSI.SYS est requise pour un bon nombre des fichiers batch analysés dans cet ouvrage.

➢ *FILES=30*

FILES permet d'indiquer le nombre maximal de fichiers pouvant être simultanément ouverts. On considère généralement qu'un chiffre situé entre 20 à 40 est suffisant, sauf exigences particulières. Le chiffre optimal est à déterminer de façon expérimentale.

➢ *BUFFERS=30*

La commande BUFFERS sert à choisir le nombre de mémoires-tampon utilisées par le DOS pour conserver des données. Avant de lire le disque, le DOS consulte ces tampons: s'il y trouve l'information désirée on fait l'économie d'un accès-disque, ce qui gagne un temps précieux. Là encore le nombre idéal de buffers varie entre 20 et 40. Chaque buffer occupant 528 octets de mémoire vive, il faut éviter d'inscrire plus de buffers que nécessaire sous peine de grever de façon importante la mémoire restante: 40 buffers à 528 octets pièce occupent plus de 21 Ko! Notez que l'utilisateur d'un programme de mémoire cache peut sans problème diminuer de façon importante le nombre de ses buffers.

➢ *LASTDRIVE=I*

Cette commande permet de choisir le nombre de lecteurs, physiques ou logiques, que l'on désire faire reconnaître. Par défaut, Lastdrive est égal à E. Cette commande concerne donc uniquement ceux qui disposent de plus de 5 disques, lecteurs ou partitions logiques.

Chapitre 20

CHKDSK, CTTY *et* DEBUG

Un certain nombre de programmes ou de commandes ne justifiant pas un chapitre séparé dans un ouvrage traitant des batchs doivent cependant être cités car on est amené à les employer de temps à autre, en particulier CHKDSK, CTTY et DEBUG. Voyons-les dans l'ordre.

CHKDSK

Ce programme, dont le nom barbare est l'abréviation de *Check Disk*, est indispensable quoique méconnu du grand public. Il permet de vérifier l'intégrité des tables utilisées par le DOS pour gérer les disques, et de réparer les anomalies bénignes. Il indique également la place libre sur le support testé et la mémoire disponible.

Il est conseillé d'utiliser CHKDSK régulièrement, et en tout cas **à chaque fois que:**

- l'on a quitté une application de façon anormale (en réinitialisant);
- un fichier semble avoir disparu;
- un programe s'exécute de façon inhabituelle;
- l'appareil vient de "planter".

L'utilisation de CHKDSK suivi d'un nom de fichier permet en outre de vérifier si ce fichier est stocké de façon fragmentée ou sur des secteurs contigus.

➢ *Options de CHKDSK*

- L'option /F permet de réparer les anomalies découvertes.
- L'option /V liste tous les fichiers du disque testé avant d'effectuer le test. Elle est très utile pour conserver un double du nom de ses fichiers et de la structure du disque. On redirige la commande vers un fichier par:

```
CHKDSK C: /V > LISTPRG.DOC
```

Cette option est également utile en conjonction avec Find, pour trouver un fichier perdu. Supposons que l'on cherche un programme de Backup. On ne se souvient plus de son nom exact mais on sait qu'il doit certainement comporter les lettres KUP.

La commande:

```
CHKDSK /V | FIND "KUP"
```

permet alors de trouver tous les fichiers dont le nom comporte la chaîne KUP. Attention: cette chaîne doit être fournie en majuscules, FIND étant sensible aux différences de taille des caractères.

La commande CHKDSK permet également de connaître facilement le nom du disque et sa date de création, sa capacité et la place encore disponible, le nombre de fichiers, la taille des clusters du disque, la mémoire totale et celle disponible. Voici un tableau reprenant les renseignements obtenus:

```
Volume STACVOL_DSK created 05.01.1992 18:38
(Nom du disque et date de création)

38830080 bytes total disk space
(Capacité totale)

98304 bytes in 4 hidden files
(Fichiers cachés)

352256 bytes in 43 directories
(Nombre de répertoires)

20750336 bytes in 830 user files
(Nombre et taille des fichiers

17629184 bytes available on disk
(Place encore disponible

8192 bytes in each allocation unit
(Taille des Clusters)

4740 total allocation units on disk
(Nombre total de Clusters)
```

```
2152 available allocation units on disk
(Nombre de Clusters libres)

655360 total bytes memory
(Mémoire conventionnelle)

601536 bytes free
(Mémoire libre)
```

CTTY

Cette commande permet de déconnecter la console, c'est-à-dire le clavier et l'écran. On peut l'utiliser pour masquer le déroulement d'une opération, par:

```
CTTY NUL
....
....
CTTY CON
```

L'inconvénient de cette façon de faire est que l'on ne dispose d'aucun moyen de se récupérer si un problème survient durant la manœuvre, l'écran étant complètement éteint et le clavier inerte. C'est donc une commande qu'il faut connaître mais qu'il est préférable de ne pas employer.

DEBUG

Cet utilitaire du DOS, qui permet de visionner, créer ou modifier des programmes en langage machine, intimide généralement le néophyte. Il est vrai qu'il vaut mieux ne pas trop expérimenter au petit bonheur avec DEBUG quand on n'est pas absolument sûr de ce que l'on fait. Ce programme est cependant d'emploi très aisé quand on a un script à suivre, et permet de créer facilement de nombreux programmes enrichissant les possibilités des fichiers batch. Nous ferons largement appel à lui dans cet ouvrage pour créer des fichiers en langage d'assemblage.

Chapitre 21

Techniques d'itération et de récursivité

Le fin du fin en langage batch consiste à créer des fichiers s'appelant eux-mêmes. Cette technique de récursivité, qui permet de résoudre un certain nombre de problèmes délicats, est d'autant plus intéressante à étudier et à connaître qu'elle peut être adaptée à de nombreux cas et qu'elle est d'emploi facile malgré la connotation de complexité qui s'y attache.

Incrémentation et itération

La plupart des langages permettent de réaliser une boucle un nombre déterminé de fois par des commandes de type "FOR I = 1 TO 99 DO ...", ou "DO WHILE ...", qui utilisent des techniques d'incrémentation et d'itération. Cette possibilité n'existe pas directement en langage batch, mais rien n'empêche de la créer.

La première possibilité consiste à générer une boucle FOR comportant autant d'appels que l'on désire de répétitions. Par exemple:

```
FOR %%A IN (0 1 2 3 4 5 6 7 8 9) DO COMMANDE
```

répète "COMMANDE" 10 fois. Si "COMMANDE" est un batch, il faudra libeller la commande ainsi:

```
FOR %%A IN (0 1 2 3 4 5 6 7 8 9) DO CALL NOMBATCH
```

en remplaçant "CALL" par "COMMAND /C" ou "%COMSPEC% /C" pour les possesseurs de versions DOS antérieures à la 3.3. Si l'on désire plus de 10 répétitions on multipliera les commandes FOR.

Par exemple:

```
FOR %%A IN (1 2 3 4 5 6 7 8 9 0 1 2 3 4 5 6 7 ✂
8 9 0 1 2 3 4 5) DO COMMANDE
FOR %%A IN (1 2 3 4 5 6 7 8 9 0 1 2 3 4 5 6 7 ✂
8 9 0 1 2 3 4 5) DO COMMANDE
FOR %%A IN (1 2 3 4 5 6 7 8 9 0 1 2 3 4 5 6 7 ✂
8 9 0 1 2 3 4 5) DO COMMANDE
```

```
FOR %%A IN (1 2 3 4 5 6 7 8 9 0 1 2 3 4 5 6 7 ✂
8 9 0 1 2 3 4 5) DO COMMANDE
```

répète “COMMANDE” 100 fois.

Ce type de construction incluant le mécanisme d’incrémentation dans le fichier lui-même, peu pratique, est complètement exclu pour des chiffres plus importants. Le mieux est d’appeler un fichier annexe réalisant l’incrémentation: le fichier INC.BAT suivant incrémente un chiffre de 1 à chaque appel et place le résultat dans l’environnement. Le batch TEST-INC.BAT teste la valeur prise par ce résultat et relance la boucle tant qu’elle n’a pas atteint la quantité fixée par l’utilisateur.

```
@ECHO OFF
REM TEST-INC.BAT. UTILISE INC.BAT.
:TOP
COMMANDES ...
CALL INC
IF NOT %ITER%!==99! GOTO TOP
:END
FOR %%A IN (DIZAINE UNIT ITER) DO SET %%A=
```

Cet exemple utilise les 99 itérations permises par INC.BAT. Il va de soi que l’on peut demander par exemple que la boucle ne se répète que 15 fois, par IF NOT %ITER%!==15! GOTO TOP. On pourrait aussi modifier le fichier INC.BAT pour qu’il compte les centaines et les milliers au lieu de s’arrêter à 99. Voici INC.BAT qu’utilise TEST-INC.BAT:

```
@echo off
rem INC.BAT. Permet d'incrémenter un chiffre ✂
de 1 pour permettre
rem l'exécution itérative d'une boucle de ✂
programme.
rem Est utilisé par le programme TEST-INC.BAT.
if %unit%!==! set unit=0
if %dizaine!==! set dizaine=0
if %retunit%!==! set retunit=0
for %%a in (%unit%) do goto unit%%a
:UNIT0
```

```
set unit=1
goto dizaine
:UNIT1
set unit=2
goto dizaine
:UNIT2
set unit=3
goto dizaine
:UNIT3
set unit=4
goto dizaine
:UNIT4
set unit=5
goto dizaine
:UNIT5
set unit=6
goto dizaine
:UNIT6
set unit=7
goto dizaine
:UNIT7
set unit=8
goto dizaine
:UNIT8
set unit=9
goto dizaine
:UNIT9
set unit=0
set retunit=1
:DIZAINE
for %%a in (%dizaine%) do goto dizaine%%a
:DIZAINE0
if %retunit%==1 set dizaine=1
set retunit=
goto end
:DIZAINE1
if %retunit%==1 set dizaine=2
set retunit=
goto end
:DIZAINE2
if %retunit%==1 set dizaine=3
set retunit=
goto end
:DIZAINE3
if %retunit%==1 set dizaine=4
set retunit=
goto end
:DIZAINE4
```

```
if %retunit%==1 set dizaine=5
set retunit=
goto end
:DIZAINE5
if %retunit%==1 set dizaine=6
set retunit=
goto end
:DIZAINE6
if %retunit%==1 set dizaine=7
set retunit=
goto end
:DIZAINE7
if %retunit%==1 set dizaine=8
set retunit=
goto end
:DIZAINE8
if %retunit%==1 set dizaine=9
set retunit=
goto end
:DIZAINE9
if %unit%==9 set dizaine=0
set retunit=
:END
set iter=%dizaine%%unit%
echo %iter%
```

La dernière commande de INC, ECHO %ITER%, n'est pas nécessaire. Elle est placée là pour qu'on puisse vérifier le bon fonctionnement du batch. Notez que l'on peut créer un fichier dont les lignes sont numérotées en remplaçant ECHO %ITER% par ECHO %ITER% >> FICHIER.

Incrémentation de grands nombres

Nous n'avons pas commenté le programme précédent pour deux raisons: d'une part parce qu'il est un peu lourd et que l'on peut réaliser un programme plus compact grâce à d'autres techniques, d'autre part à titre d'exercice parce qu'il est très formateur d'essayer de démonter le mécanisme d'un batch que l'on comprend mal. Le fichier COMPTEUR.BAT ci-dessous permet d'incrémenter un nombre jusqu'à 9999 et peut facilement être modifié pour aller au-delà. Après interruption il permet également de reprendre le compte soit où il en était, soit à zéro par la commande COMPTEUR RESET:

```
@echo off
rem COMPTEUR.BAT. Est utilisé par le programme
rem COMPTE.BAT.
if %1!==reset! for %%A in (u d c m tot prov n ✂
return) do set %%A=
if %1!==reset! goto end
if %u%!==! set u=0
if %d%!==! set d=0
if %c%!==! set c=0
if %m%!==! set m=0
if %tot%!==! set tot=0
if %prov%!==! set prov=0
set n=%u%
set return=unités
goto boucle
:UNITES
set u=%n%
if not %prov%==0 goto affiche
set return=dizaines
set n=%d%
goto boucle
:DIZAINES
set d=%n%
if not %prov%==0 goto affiche
set return=centaines
set n=%c%
goto boucle
:CENTAINES
set c=%n%
if not %prov%==0 goto affiche
set return=milliers
set n=%m%
goto boucle
:MILLIERS
set m=%n%
goto affiche
:BOUCLE
if %n%==9 set prov=0
if %n%==8 set prov=9
if %n%==7 set prov=8
if %n%==6 set prov=7
if %n%==5 set prov=6
if %n%==4 set prov=5
```

```
if %n%==3 set prov=4
if %n%==2 set prov=3
if %n%==1 set prov=2
if %n%==0 set prov=1
set n=%prov%
goto %return%
:AFFICHE
set tot=%m%%c%%d%%u%
echo %tot%
:END
```

On l'utilise avec un fichier comme COMPTE.BAT:

```
@echo off
rem COMPTE.BAT
rem Utilise le programme COMPTEUR.BAT.
call compteur reset
:top
call compteur
if not %tot%!==0065! goto top
```

Voici ce même fichier commenté:

```
@ECHO OFF
REM COMPTEUR.BAT EST UTILISÉ PAR LE PROGRAMME
REM COMPTE.BAT
REM Si le premier argument est RESET, le
REM programme remet son compteur REM à zéro et
REM stoppe.
IF %1!==RESET! FOR %%A IN (U D C M TOT PROV N ✂
RETURN) DO SET %%A=
IF %1!==RESET! GOTO END
REM Les lignes suivantes initialisent à zéro les
REM variables U, D, C et M
REM Tot et Prov (pour Unités, Dizaines,
REM Centaines, Milliers, Total et
REM Provisoire) si elles n'existent pas encore.
IF %U%!==! SET U=0
IF %D%!==! SET D=0
IF %C%!==! SET C=0
IF %M%!==! SET M=0
IF %TOT%!==! SET TOT=0
IF %PROV%!==! SET PROV=0
REM On commence par s'occuper des unités
SET N=%U%
REM On fixe la valeur de la variable RETURN à
REM Unités pour que le programme sache où se
REM rendre après le passage dans boucle
```

```
SET RETURN=UNITES
REM On incrémente les unités de 1 par le passage
REM dans "boucle"
GOTO BOUCLE
:UNITES
REM RETURN étant fixé sur Unités, le programme
REM reprend ici.
SET U=%N%
REM S'il n'y a pas de retenues, c'est-à-dire si
REM PROV est différent
REM de zéro, on affiche le nombre actuel et le
REM batch s'arrête là.
IF NOT %PROV%==0 GOTO AFFICHE
REM S'il y a une retenue, on incrémente les
REM dizaines: on fixe la valeur de la variable
RETURN à Dizaines pour que le programme
REM sache où se rendre après le passage dans
REM boucle:
SET RETURN=DIZAINES
SET N=%D%
REM On incrémente les dizaines de 1 par le
REM passage dans "boucle"
GOTO BOUCLE
:DIZAINES
REM RETURN étant fixé sur Dizaines, le programme
REM reprend ici.
SET D=%N%
REM S'il n'y a pas de retenues, c'est-à-dire si
REM PROV est différent
REM de zéro, on affiche le nombre actuel et le
REM batch s'arrête là.
IF NOT %PROV%==0 GOTO AFFICHE
REM S'il y a une retenue, on incrémente les
REM centaines: on fixe la valeur de la variable
REM RETURN à Centaines pour que le programme
REM sache où se rendre après le passage dans
REM boucle:
SET RETURN=CENTAINES
SET N=%C%
REM On incrémente les centaines de 1 par le
REM passage dans "boucle" GOTO BOUCLE
:CENTAINES
REM RETURN étant fixé sur Centaines, le programme
REM reprend ici.
SET C=%N%
REM S'il n'y a pas de retenues, c'est-à-dire si
REM PROV est différent
REM de zéro, on affiche le nombre actuel et le
```

```
REM batch s'arrête là.
IF NOT %PROV%==0 GOTO AFFICHE
REM S'il y a une retenue, on incrémente les
REM Milliers: on fixe la valeur de la variable
RETURN à Milliers pour que le programme
REM sache où se rendre après le passage dans
REM boucle:
SET RETURN=MILLIERS
SET N=%M%
REM On incrémente les Milliers de 1 par le
REM passage dans "boucle"
GOTO BOUCLE
:MILLIERS
REM RETURN étant fixé sur Milliers, le programme
REM reprend ici.
SET M=%N%
GOTO AFFICHE
REM On affiche le nombre et le batch s'arrête là.
:BOUCLE
REM Cette boucle incrémente un nombre de 1 et
REM indique qu'il y a une retenue si PROV=0.
IF %N%==9 SET PROV=0
IF %N%==8 SET PROV=9
IF %N%==7 SET PROV=8
IF %N%==6 SET PROV=7
IF %N%==5 SET PROV=6
IF %N%==4 SET PROV=5
IF %N%==3 SET PROV=4
IF %N%==2 SET PROV=3
IF %N%==1 SET PROV=2
IF %N%==0 SET PROV=1
SET N=%PROV%
GOTO %RETURN%
:AFFICHE
SET TOT=%M%%C%%D%%U%
ECHO %TOT%
:END
```

Là encore on peut créer un fichier dont les lignes sont numérotées en remplaçant ECHO %TOT% par ECHO %TOT% >> FICHIER.

Récursivité

Pour clôturer la partie théorique de cet ouvrage, abordons des constructions un peu moins intuitives, en particulier celles de batchs faisant des appels récursifs à eux-mêmes. L'exemple suivant, qui ne s'appelle pas moins de deux fois lui-même, est d'une étude très instructive. Pour le rendre vivant nous avons choisi de résoudre un problème amusant: comment déterminer à quel jour de la semaine correspond une date donnée. Vous avez intérêt à essayer de décomposer ce batch en toutes ses phases pour bien en saisir le mécanisme.

➢ *Déterminer à quel jour de la semaine correspond une date quelconque*

Un certain nombre d'occasions appellent irrésistiblement la question "à quel jour correspond telle date?", soit que l'on ait rendez-vous à une date éloignée, soit que l'on apprenne que les vacances scolaires débutent le 8 juillet, ou bien pour vérifier si l'on peut profiter du 1er novembre pour faire un "pont" intéressant... Le programme suivant, valable pour toute date comprise entre le 1er janvier 1980 et l'an 2099, permet de répondre aisément à cette interrogation. Il suffit de rentrer la commande:

```
QUELJOUR 8/07/92
```

et l'on reçoit la réponse:

```
Cette date correspond à un Mercredi
```

QUELJOUR.BAT a deux versions, selon que l'on dispose d'un DOS francisé ou américain:

```
@echo off
rem QUELJOUR.BAT
Version Française
rem Ce fichier DOIT s'appeler QUELJOUR, sinon ✂
il ne fonctionne pas,
```

```
rem car il s'appelle lui-même en supposant ✂
que son nom est QUELJOUR.
if (%1)==() goto msg
if (%1)==(set) goto set
rem > vide.bat
prompt queljour set $d
command /c vide.bat > vide.bat
call vide.bat
date %1
rem > vide.bat
prompt queljour set $d
command /c vide.bat > vide.bat
call vide.bat
prompt $p$g
echo.
if %jour-semaine%!==Lun! echo Cette date ✂
correspond à un Lundi
if %jour-semaine%!==Mar! echo Cette date ✂
correspond à un Mardi
if %jour-semaine%!==Mer! echo Cette date ✂
correspond à un Mercredi
if %jour-semaine%!==Jeu! echo Cette date ✂
correspond à un Jeudi
if %jour-semaine%!==Ven! echo Cette date ✂
correspond à un Vendredi
if %jour-semaine%!==Sam! echo Cette date ✂
correspond à un Samedi
if %jour-semaine%!==Dim! echo Cette date ✂
correspond à un Dimanche
echo.
date %jour%
del vide.bat
for %%x in (jour-semaine jour) do set %%x=
goto end

:SET
set jour-semaine=%2
if %jour%!==! set jour=%3
goto end

:MSG
echo.
echo But: Trouver à quel jour de la semaine ✂
correspond une date comprise entre 1980 et 2099.
echo Syntaxe: %0 jj/mm/aa
echo Exemple: %0 8/07/92  pour le 8 Juillet 1992.
echo.

:END
```

Ce batch utilise des techniques très sophistiquées: commandes appelées en redéfinissant le PROMPT, redirection de ce PROMPT vers un fichier par l'appel à un deuxième processeur de commandes, double récursivité. Nous allons commenter abondamment la version américaine de ce batch pour essayer de comprendre son fonctionnement.

```
@echo off
rem QUELJOUR.BAT                         Version Américaine
rem Ce fichier DOIT s'appeler QUELJOUR, sinon ✂
il ne fonctionne pas,
rem car il s'appelle lui-même en supposant ✂
que son nom est QUELJOUR.
rem
rem Si le premier paramètre est vide, un ✂
message d'aide s'affiche.
if (%1)==() goto AIDE
rem Si le premier paramètre est égal à SET, ✂
ce qui est le cas
rem quand le batch s'appelle lui-même (ce ✂
qu'il fera deux fois)
rem l'exécution se branche au label "SET".
if (%1)==(set) goto set
REM
REM PREMIERE PHASE: LE BATCH MET EN MEMOIRE ✂
LA DATE DU JOUR
REM On crée un fichier batch vide par la ✂
commande "REM > VIDE.BAT"
rem > vide.bat
REM On modifie maintenant le PROMPT de façon à ✂
ce qu'il affiche
REM "QUELJOUR SET", suivi de la date:
prompt queljour set $d
REM On appelle maintenant un second processeur ✂
de commande le temps d'exécuter VIDE.BAT et ✂
l'on injecte le résultat de la manœuvre dans ✂
VIDE.BAT.
command /c vide.bat > vide.bat
REM On appelle grâce à CALL le batch VIDE.BAT, ✂
qui contient maintenant QUELJOUR SET et la ✂
date du jour.
call vide.bat
REM Cette manœuvre conduit QUELJOUR.BAT à ✂
s'appeler lui-même avec comme premier ✂
paramètre SET, ce qui fait que l'exécution ✂
```

```
se branchera directement au label SET. S'y ✂
reporter pour suivre la suite des ✂
explications. La date y sera inscrite dans ✂
une variable d'environnement, puis le cours ✂
du batch reprendra ici.
REM
REM DEUXIEME PHASE: LE BATCH MET EN MEMOIRE LA ✂
DATE INDIQUÉE
REM L'exécution du premier appel à QUELJOUR ✂
reprend ici. On change la date système en ✂
celle indiquée par l'utilisateur et on ✂
recommence la manœuvre avec cette nouvelle ✂
date.
date %1
REM On recrée un fichier batch vide par la ✂
commande "REM > VIDE.BAT"
rem > vide.bat
REM On modifie une fois encore le PROMPT de ✂
façon à ce qu'il affiche "QUELJOUR SET" suivi ✂
de la date indiquée par l'utilisateur:
prompt queljour set $d
REM On appelle un second processeur de ✂
commande le temps qu'il exécute VIDE.BAT et ✂
on redirige le résultat de cette manœuvre ✂
dans VIDE.BAT:
command /c vide.bat > vide.bat
REM On appelle une deuxième fois VIDE.BAT, ✂
qui contient QUELJOUR SET et la date indiquée ✂
par l'utilisateur.
call vide.bat
REM Cette manœuvre appelle le batch ✂
QUELJOUR.BAT avec comme premier paramètre SET, ✂
ce qui fait que l'exécution se branchera au ✂
label SET.
REM La valeur du jour de la semaine sera ✂
inscrite dans l'environnement, puis le cours ✂
du batch, interrompu le temps de l'appel à ✂
VIDE.BAT, reprendra ici-même.
REM On rétablit le prompt usuel.
prompt $p$g
REM On affiche la valeur du jour correspondant ✂
à la date souhaitée.
echo.
if %jour-semaine%!==Mon! echo Cette date ✂
correspond à un Lundi
if %jour-semaine%!==Tue! echo Cette date ✂
correspond à un Mardi
if %jour-semaine%!==Wed! echo Cette date ✂
```

```
correspond à un Mercredi
if %jour-semaine%!==Thu! echo Cette date ✂
correspond à un Jeudi
if %jour-semaine%!==Fri! echo Cette date ✂
correspond à un Vendredi
if %jour-semaine%!==Sat! echo Cette date ✂
correspond à un Samedi
if %jour-semaine%!==Sun! echo Cette date ✂
correspond à un Dimanche
echo.
REM On remet la date système à la valeur mise ✂
en mémoire lors du premier appel à QUELJOUR.BAT.
REM date %jour%
REM on efface le fichier VIDE.BAT.
del vide.bat
REM On efface les variables d'environnement ✂
dont on s'est servi.
for %%x in (jour-semaine jour) do set %%x=
REM Et l'on stoppe l'exécution.
goto end
:SET
REM QUELJOUR.BAT, lorsqu'il s'appelle ✂
lui-même, se branche à ce label.
REM La première fois, il note dans ✂
l'environnement la date du jour de façon à
REM pouvoir la rétablir en fin de batch. La ✂
deuxième fois il note dans une variable ✂
REM d'environnement la valeur du jour de la ✂
semaine correspondant à la date indiquée par
REM l'utilisateur.
set jour-semaine=%2
if %jour%!==! set jour=%3
REM L'appel récursif à lui-même étant terminé, ✂
l'exécution de QUELJOUR reprend là où elle
REM s'était interrompue.
goto end
:AIDE
echo.
echo But: Trouver à quel jour de la semaine ✂
correspond une date comprise entre 1980 et 2099.
echo Syntaxe: %0 jj/mm/aa
echo Exemple: %0 8/07/92  pour le 8 Juillet 1992.
echo.
:END
```

Chapitre 22

Gestion du clavier

Ce chapitre et les suivants sont consacrés à des programmes d'utilité pratique immédiate. Le lecteur fera bien d'éplucher tous les batchs proposés qui sont le plus souvent d'un grand intérêt didactique: il tirera des connaissances nouvelles de cette étude, apprendra de nouvelles façons d'employer ses connaissances et rodera en outre ses réflexes.

Créer un menu

Un menu permet à l'utilisateur de choisir une action en appuyant sur une des touches qui lui sont proposées. Le batch suivant utilise DEBUG pour créer un programme réagissant seulement à l'appui de touches précises, indiquées lors de la création du programme: on lance en effet CUSTOMKY en précisant une zone de lettres à reconnaître. Par exemple CUSTOMKY D F crée un programme réagissant à l'appui sur les lettres D, E et F (ou d, e et f).

```
@echo off
rem CUSTOMKY.BAT. Permet de créer un programme ✂
ne réagissant que
rem sur l'appui de certaines touches. Utile ✂
pour bâtir un menu.
rem
rem usage: custom A D (par exemple). ✂
Custom.com ainsi créé ne reconnaîtra
rem que les touches A B C D (ainsi que a b c d).
rem
if %2!==! goto aide
rem les 7 lignes suivantes font passer en ✂
majuscules
set oldpath=%path%
path=%1
set un=%path%
path=%2
set deux=%path%
path=%oldpath%
set oldpath=
echo.
```

```
ECHO E 100 EB 02              >>DEBUG.SCR
ECHO E 102 '%UN%'             >>DEBUG.SCR
ECHO E 103 '%DEUX%'           >>DEBUG.SCR
ECHO E 104 B4 00 CD 16        >>DEBUG.SCR
ECHO E 108 3A 06 03 01        >>DEBUG.SCR
ECHO E 10C 77 06 3A 06        >>DEBUG.SCR
ECHO E 110 02 01 72 F0        >>DEBUG.SCR
ECHO E 114 24 DF 3A 06        >>DEBUG.SCR
ECHO E 118 03 01 77 E8        >>DEBUG.SCR
ECHO E 11C 3A 06 02 01        >>DEBUG.SCR
ECHO E 120 72 E2 B4 4C        >>DEBUG.SCR
ECHO E 124 CD 21              >>DEBUG.SCR
ECHO N CUSTOM.COM             >>DEBUG.SCR
ECHO RCX                      >>DEBUG.SCR
ECHO 26                       >>DEBUG.SCR
ECHO W                        >>DEBUG.SCR
ECHO Q                        >>DEBUG.SCR
DEBUG<DEBUG.SCR
del debug.scr
echo CUSTOM.COM est créé.
echo Il n'acceptera que les lettres allant de ✂
%un% à %deux%.
set un=
set deux=
goto end

:AIDE
echo Programme testant les niveaux d'erreur et ✂
ne tenant compte
echo que de la zone de touches spécifiée.
echo Usage: entrer %0 limite basse limite haute
echo Ex: %0 a z ou %0 b e

:END
```

On utilisera le programme en testant les niveaux d'erreur correspondant au code ASCII des touches A, B, C et D: 65, 66, 67 et 68, dans un menu composé de la sorte:

```
@echo off
custom
echo Pour lancer WORD, taper la lettre A
echo Pour lancer EXCEL, taper la lettre B
echo Pour lancer DBASE, taper la lettre C
echo Pour lancer WINDOWS, taper la lettre D
if errorlevel 68 goto D
if errorlevel 67 goto C
```

```
if errorlevel 66 goto B
if errorlevel 65 goto A
goto end
:D
Win
goto end
:C
Dbase
goto end
:B
Excel
goto end
:A
Word
:END
```

Cet exemple permet de rappeler qu'il faut tester les niveaux d'erreur en commençant par le plus élevé.

Accélérer le clavier

Le batch proposé maintenant permet de régler la vitesse de frappe en choisissant le taux de répétition des touches et le délai avant activation de la répétition. Il contentera donc celui qui aime aller à un pas de sénateur comme celui que la lenteur exaspère. Sa syntaxe est simple: <VITE R> ralentit le clavier au maximum tandis que <VITE A> l'accélère. On peut modifier la vitesse en changeant les valeurs données à RATE et DELAI (1 le plus lent et 32 le plus rapide pour RATE et 4 le plus lent et 1 le plus rapide pour DELAI).

```
@echo off
rem VITE.BAT. Accélère le clavier.
if %1!==! goto aide
if %1==R goto Ralentir
if %1==r goto Ralentir
if %1==A goto vite
if %1==a goto vite
goto aide

:RALENTIR
mode con rate=1 delay=4
```

```
echo.
echo Le clavier est ralenti.
echo.
goto end

:VITE
mode con rate=32 delay=1
echo.
echo Le clavier est accéléré.
echo.
goto end

:AIDE
echo.
echo But: Accélérer ou ralentir la vitesse du ✂
clavier.
echo Syntaxe: %0 A pour accélérer ou %0 R pour ✂
Ralentir.
echo.
:END
```

Reconfigurer les touches du clavier

Ce petit batch est indispensable à qui utilise souvent les possibilités de reconfiguration du clavier. Il facilite tellement les manœuvres qu'expérimenter devient un plaisir, ce qui permet de trouver la configuration de touches idéale pour chaque application. L'emploi de REAFFECT.BAT est enfantin: il suffit de l'appeler en spécifiant le code ASCII de la touche à modifier et celui de la touche de remplacement.

Supposons que l'on désire changer le caractère &, peu usité, en cette fameuse barre oblique inverse \ que l'on a tant de mal à taper. La syntaxe est REAFFECT 38 92. Les esprits chagrins objecteront: oui, mais on n'a pas le code ASCII de ces caractères sous la main. La réplique est immédiate: le programme accepte également les caractères eux-mêmes, à condition qu'ils soient placés entre guillemets. La commande précédente devient donc: REAFFECT "&" "\" et le tour est joué!

Notons que pour rétablir la valeur d'une touche, il suffit de lui affecter son propre code ASCII. Pour rétablir le caractère &, on utilisera ainsi la commande: REAFFECT 38 38. Quoi de plus simple?

```
@echo off
rem REAFFECT.BAT. Permet de reconfigurer les ✂
touches du clavier.
if %2!==! goto aide
if %3!==! goto suite
echo ←[%1;%2%;%3;%4p

:SUITE
if %2!==! goto suitebis
echo ←[%1;%2%;%3p

:SUITEBIS
echo ←[%1;%2%p
goto end

:AIDE
cls
echo.
echo But: Reconfigurer les touches du clavier.
echo Syntaxe: %0 Code_à_changer ✂
code_ou_texte_de_remplacement.
echo Le code peut être remplacé par la touche ✂
si elle est entre guillemets.
echo.
echo Exemple 1: %0 59 46                  ✂
Remplace ; par .
echo Exemple 2: %0 38 92                  ✂
Remplace & par \  (1re technique)
echo Exemple 3: %0 38 "\"                 ✂
Remplace & par \  (2e technique)
echo Exemple 4: %0 "&" "\"                ✂
Remplace & par \  (3e technique)
echo Exemple 5: %0 0 113 "Dir a:" 13 ✂
Remplace Alt-10 par Dir a: et Enter
echo.

:END
```

Créer des programmes réaffectant les touches

Le batch précédent peut être “gravé dans le marbre” avec le générateur de point COM suivant, qui crée des petits programmes spécialement conçus pour redéfinir les touches du clavier. La syntaxe en est simple: REDEFKEY suivi des codes ASCII de la touche à modifier et de la touche de remplacement. Par exemple: < REDEFKEY 38 92 > crée un programme capable de changer & en \ , ou plus subtil encore < REDEFKEY 0 0 113 ““Dir a:”” 13 > remplace Alt-10 par Dir a: suivi de Enter. Renommez le programme ainsi créé de façon parlante, ce qui permettra de le reconnaître et de ne pas l’écraser lors d’un prochain lancement de REDEFKEY.BAT.

```
@echo off
rem REDEFKEY.BAT. Permet de créer des ✂
programmes redéfinissant les touches du clavier.
if %2!==! goto aide
echo n autrekey.com > autrekey.scr
echo E 100 B4 9 BA 8 1 CD 21 C3 1B "[" >> ✂
autrekey.scr
if %4!==! goto suite
echo E 10A "%1;%2%;%3;%4p$" >> autrekey.scr
goto debug

:SUITE
if %3!==! goto suitebis
echo E 10A "%1;%2%;%3p$" >> autrekey.scr
goto debug

:SUITEBIS
echo E 10A "%1;%2%p$" >> autrekey.scr

:DEBUG
echo RCX >> autrekey.scr
echo 7F >> autrekey.scr
echo W >> autrekey.scr
echo Q >> autrekey.scr
debug < autrekey.scr
goto end

:AIDE
echo But: Créer des fichiers COM permettant ✂
```

```
de réaffecter des touches.
echo Syntaxe: %0 Code Ansi à changer suivi ✂
du code Ansi de remplacement.
echo Ex: %0 59 46
echo ou %0 0 113 ""Dir a:"" 13

:END
del autrekey.scr
```

Autres programmes contenus sur la disquette optionnelle

Un certain nombre de programmes très utiles figurent sur la disquette accompagnant cet ouvrage. La documentation et les exemples expliquant leur utilisation sont développés sur cette disquette. Voici un bref résumé de leur nom et de leur fonction:

ALT.COM: Alt, suivi d'un paramètre alphabétique ou numérique, permet de simuler l'entrée de la séquence correspondante. Par exemple, Alt-Y simulera l'appui sur Alt-Y.

ASK.EXE: Ask permet d'interrompre un batch pour poser une question à l'utilisateur, et selon sa réponse effectuer l'action appropriée.

Exemple:

```
ask "ENTREZ A, B, ou C -> " ABC
IF ERRORLEVEL 3 GOTO C
IF ERRORLEVEL 2 GOTO B
IF ERRORLEVEL 1 GOTO A
```

qui affichera le message "ENTREZ A, B, ou C" et réagira selon la réponse fournie par l'utilisateur.

F1-F10.COM: Génère des programmes testant l'appui sur les touches de fonction F1 à F10.

FLECHECU.SCR: Génère des programmes testant l'appui sur les touches de déplacement gauche-droite ou haut-bas du curseur.

GETKEYS.SCR: Génère des programmes testant l'appui sur les touches du clavier.

INPUT.COM: Permet d'écrire et de lire des fichiers à partir d'un fichier batch (ou de la ligne de commande). On peut utiliser INPUT.COM de trois façons:

```
INPUT FICHIER  ou INPUT > FICHIER
```

crée FICHIER, qui peut contenir jusqu'à 132 caractères. Si FICHIER existait, les informations qu'il contenait sont effacées.

```
INPUT >> FICHIER
```

ajoute 132 caractères à FICHIER. Si FICHIER existait, les informations qu'il contenait ne sont pas effacées.

```
INPUT < FICHIER_D'ENTREE > FICHIER_DE_SORTIE
```

crée FICHIER_DE_SORTIE, qui contient la première ligne de FICHIER_D'ENTREE.

Si FICHIER_DE_SORTIE existait, les informations qu'il contenait ne sont pas effacées. Cette dernière possibilité présente l'intérêt de pouvoir lire un autre fichier.

O-N, **OUI-NON** et **YES-NO**: Permettent de créer des fichiers contenant des réponses toutes prêtes pour automatiser certaines tâches, en particulier Oui, Non, et Enter.

STACKEY.COM: Place des entrées-clavier dans le buffer, ce qui permet de lancer automatiquement un programme demandant normalement que l'utilisateur soit présent pour répondre à des questions.

Chapitre 23

Gestion du temps

Les programmes analysés ci-dessous permettent de gérer la plupart des aspects du DOS liés de près ou de loin au temps, à la date ou à l'heure.

Lancer un programme une seule fois par jour, à l'allumage

Il est des programmes que l'on désire lancer au premier allumage, comme un rappel des rendez-vous de la semaine, mais qui deviennent exaspérants si on allume sa machine plusieurs fois par jour. L'idéal serait qu'ils sachent qu'ils ont déjà accompli leur besogne et qu'ils évitent de se lancer plus d'une fois par jour. Impossible? Non, grâce au batch LA.BAT, un peu complexe mais d'une étude très instructive:

```
@echo off
rem LA.bat. Lance une commande une seule ✂
fois par jour ou par semaine.
rem Doit s'appeler LA pour fonctionner. ✂
Version pour DOS français.
if %1!==! goto firstboot
set jour=%5
set date=%6
echo set lastboot=%6 > lastboot.bat
echo today >> lastboot.bat
if (%date%)==(%lastboot%) echo L'appareil ✂
a déjà fonctionné aujourd'hui!
if (%date%)==(%lastboot%) goto end
rem programmes à n'utiliser qu'une fois ✂
par jour
echo Premier boot!
rem programmes à lancer une fois par semaine
if %5==Lun goto backup
if %5==Jeu echo C'est Jeudi
goto end
:FIRSTBOOT
echo.| date > today.bat
if exist lastboot.bat lastboot
today
:BACKUP
echo C'est le Backup!
:END
```

```
[24] del today.bat
[25] for %%A in (lastboot jour date) do set %%A=
```

Ce programme commence par tester si un argument existe sur la ligne de commande. Si non, cela veut dire que l'ordinateur est allumé pour la première fois de la journée auquel cas l'exécution se branche à la ligne 17: un fichier TODAY.BAT contenant la date du jour est créé ligne 18, la ligne suivante exécute LASTBOOT.BAT s'il existe et pour finir TODAY.BAT est lancé. Comme il contient la date du jour, sa première ligne est par exemple la suivante:

```
La date courante est : Sam 04/04/1992

Donnez la nouvelle date (jj/mm/aa) :
```

On voit que la première ligne commence par "LA". Le DOS va donc chercher un programme nommé "LA" et essayer de le lancer avec les paramètres suivants:

```
La date courante est :   Sam 04/04/1992

%0 %1   %2        %3 %4  %5  %6
```

Comme notre batch s'appelle justement LA (raison pour laquelle ce nom ne doit pas être modifié), cette commande constitue un appel récursif à LA.BAT, utilisant le jour de la semaine comme 5e paramètre et la date comme 6e.

On retourne ainsi en début de batch et cette fois l'exécution ne se branche plus ligne 17, parce qu'il existe des paramètres sur la ligne de commande, mais se poursuit aux lignes 5 et 6 où le jour et la date sont inscrits dans l'environnement. Aux deux lignes suivantes le fichier LASTBOOT.BAT est créé. Il contient une commande permettant de placer la date dans l'environnement sous le nom LASTBOOT et une commande lançant le fichier TODAY.BAT. On compare les variables d'environnement %DATE% et %LASTBOOT% pour vérifier si la machine a déjà fonctionné dans la journée. Si oui le batch s'arrête, si non il se poursuit. Ligne 12 viennent le ou les programmes dont on souhaite qu'ils s'exécutent une fois par jour seulement.

Le message indiquant que le batch fonctionne sera à remplacer par quelque chose de plus utile. Aux lignes 14 et 15 on a placé les programmes à n'utiliser qu'un jour fixe de la semaine (un petit bonus, pendant que l'on y est). Là encore on remplacera "goto backup" ou "C'est Jeudi" par quelque chose de plus intéressant. La ligne 16 clôt le batch en dirigeant l'exécution vers le label END où un peu de ménage est fait avant de rendre la main à l'utilisateur.

Ceux qui possèdent un DOS américain devront utiliser le batch suivant, obligatoirement nommé CURRENT.BAT pour pouvoir fonctionner, comme LA devait s'appeler LA.BAT:

```
@echo off.
rem CURRENT.BAT. Lance une commande une seule ✂
fois par jour ou par semaine.
rem Doit s'appeler Current pour fonctionner.
rem Version pour DOS américain.
if %1!==! goto firstboot
set jour=%3
set date=%4
echo set lastboot=%4 > lastboot.bat
echo today-us >> lastboot.bat
if (%date%)==(%lastboot%) echo L'appareil a ✂
déjà fonctionné aujourd'hui!
if (%date%)==(%lastboot%) goto end
rem programmes à n'utiliser qu'une fois par jour
echo Premier boot!
rem programmes à lancer une fois par semaine
if %3==Mon goto backup
if %3==Thu echo C'est Jeudi
goto end
```

```
:FIRSTBOOT
echo.| date>today-us.bat
if exist lastboot.bat lastboot
today-us

:BACKUP
echo C'est le Backup!

:END
set lastboot=
del today-us.bat
set jour=
set date=
```

Sauvegarder les fichiers créés ou modifiés le jour même

On doit théoriquement réaliser des sauvegardes à intervalles donnés pour diminuer les inconvénients résultant d'une panne, d'une perte de données ou d'un accident. En pratique on recule souvent devant ce pensum, que la taille actuelle des disques rend d'ailleurs de plus en plus problématique.

Une solution consiste à sauvegarder non pas l'intégralité du disque mais les fichiers récemment modifiés, ceux que l'on n'a pas encore eu l'occasion de sauvegarder. Le fichier batch ci-dessous automatise et facilite cette procédure.

Par défaut le disque source est < C: > et la disquette cible < A: >, mais l'on peut modifier la source et la cible par la syntaxe suivante:

```
CEJOUR Disque(tte)_source Disque(tte)_cible
```

Exemple:

```
CEJOUR D:\UTIL B:
```

qui copiera sur le lecteur < B: > les fichiers du jour du répertoire < D:\UTIL >.

```
@echo off
rem CEJOUR.BAT. Permet de sauvegarder les ✂
fichiers modifiés le jour-même.
if %1!==! goto defaut
if %2!==! goto aide
set origine=%1
set dest=%2
goto debut

:DEFAUT
set dest=a:
set origine=c:
echo.
echo Copie sur A: des fichiers de C: créés ou ✂
modifiés ce jour?
echo Appuyez sur la touche N pour continuer, ✂
sur O pour interrompre.
echo.
echo. Si vous préférez une autre source ou une ✂
autre cible relancez le
echo programme avec la syntaxe: %0 ✂
Disque(tte)_source Disque(tte)_cible
goto suite

:DEBUT
echo.
echo Copie sur %dest% des fichiers de ✂
%origine% créés ou modifiés ce jour?
echo Appuyez sur la touche N pour continuer, ✂
sur O pour interrompre.
echo.
goto suite

:SUITE
echo ♥ | pause > nul
echo |more | date > tempo.bat
echo @echo off > la.bat
echo xcopy %origine%\*.* %dest% /D:%%6 /s /m ✂
>> la.bat
echo echo Fichiers de %origine% modifiés ce ✂
jour copiés sur %dest% >> la.bat
echo del tempo.bat >> la.bat
echo set origine= >> la.bat
echo set dest= >> la.bat
echo del la.bat >> la.bat
tempo
goto end
```

```
:AIDE
echo.
echo But: Sauvegarder les fichiers créés ou ✂
modifiés ce jour vers un disque
echo ou un lecteur de disquette.
echo Usage: %0 Origine Destination
echo Ex: %0 C: B: copie tous les fichiers de ✂
C: modifiés ce jour vers B:
echo.
echo Par défaut le disque source est C: et la ✂
disquette cible A:
echo.

:END
```

Lancer un programme un jour donné de la semaine

Le fichier batch suivant permet de lancer un programme un jour déterminé de la semaine, ici le jeudi. Ceux qui préfèrent un autre jour de la semaine doivent naturellement remplacer JEU, à la troisième ligne, par VEN s'ils préfèrent le vendredi. La ou les actions à accomplir, placées ligne 6, sont également à choisir par l'utilisateur selon ses besoins. On s'est contenté ici d'afficher "On est Jeudi" mais il y a certainement plus utile!

Noter que les possesseurs d'une version DOS américaine doivent remplacer les jours de la semaine exprimés en français ligne 3 par leurs équivalents anglais, par exemple: ver | date | find "Thu" > jour.dat pour tester un jeudi (Thursday).

```
@echo off
rem JEUDI.BAT n'actionne un programme que les ✂
Jeudi.
ver | date | find "Jeu" > jour.dat
copy jour.dat test.dat > nul
if not exist test.dat goto end
echo On est Jeudi
```

```
:END
for %%A in (jour test) do if exist %%A.dat ✂
del %%A.dat
```

Placer la date et l'heure dans l'environnement

Il est parfois utile de pouvoir récupérer la date et l'heure d'un début de manœuvre comme points de repères ou pour être utilisés par un autre programme. Le fichier batch suivant, récursif, se lance une première fois et crée un fichier temporaire, TEMP.BAT qui relance SETJOUR avec la date et l'heure en troisième et quatrième paramètres: SETJOUR BAT 328 02.04.92 23:44. Il suffit alors de conserver ces valeurs dans l'environnement et d'effacer le batch temporaire ainsi créé.

```
@echo off
rem SETJOUR.BAT. Place la date et l'heure ✂
dans l'environnement.
if not %4!==! goto suite
copy /b setjour.bat+,, >nul
dir setjour.bat|find "SETJOUR" > temp.bat
temp.bat

:SUITE
set jour=%3
set heure=%4
echo.
echo On est le %jour%, il est %4. Ces valeurs ✂
sont sauvegardées dans
echo l'environnement sous les noms JOUR et ✂
HEURE pour être réutilisées.
echo.
del temp.bat
```

Autres programmes contenus sur la disquette optionnelle

2DAY.BAT: Autre version de LA et CURRENT, permettant d'intégrer l'appel à ces programmes de l'AUTOEXEC.BAT.

BAKUPDAY.BAT: Autre version de LA et CURRENT, permettant d'intégrer l'appel à un programme de sauvegarde à lancer une fois par semaine à partir de l'AUTOEXEC.BAT.

DAYCHECK.EXE: Programme permettant d'obtenir la date, le mois, l'année, le jour, l'heure, les minutes, sous forme de codes d'erreur utilisables dans un batch pour lancer une application à un moment précis.

GET-MOIS.COM: Permet de déterminer le mois de l'année.

JSEMAINE.COM: Permet de déterminer le jour de la semaine.

GET-JOUR.COM: Permet de déterminer le jour du mois.

GETHEURE.COM: Permet de déterminer l'heure du jour.

GETMINUT.COM: Permet de déterminer la minute de l'heure.

ONE-BOOT.BAT: Autre version des batchs LA et CURRENT, permettant d'effectuer une action une fois par jour.

Chapitre 24

Gestion de l'écran

Les programmes analysés ci-dessous permettent d'améliorer le contrôle que l'on a sur son écran.

Créer un économiseur d'écran

Un court fichier batch permet d'éteindre l'écran et de le rallumer à volonté d'un simple appui sur une touche quelconque. On dispose de plusieurs possibilités pour aboutir à ce résultat. Les voici:

➢ *Noir sur noir*

Une possibilité consiste à faire passer l'avant-plan en noir:

```
@echo off
rem noscreen.bat
rem Noir sur noir.
cls
echo ←[30;40m
pause > nul
echo ←[37;40m
```

Notons que l'on peut utiliser la commande PROMPT au lieu de ECHO:

```
@echo off
rem Noir sur noir.
cls
set oldprompt=%prompt%
prompt $e[30;40m
pause > nul
prompt $e[37;40m
prompt=%oldprompt%
set oldprompt=
```

➢ *Invisible*

Une autre possibilité consiste à passer en mode invisible:

```
@echo off
rem Mode invisible
cls
```

```
echo ←[8m
pause > nul
echo ←[0m
```

Là encore, on peut utiliser la commande PROMPT au lieu de ECHO:

```
@echo off
rem Mode invisible
cls
set oldprompt=%prompt%
prompt $e[8m
pause > nul
prompt $e[0m
prompt=%oldprompt%
set oldprompt=
```

Vérifier si le gestionnaire de console ANSI est chargé

On peut créer un batch vérifiant si le pilote ANSI.SYS est chargé, ce qui est le cas s'il figure dans le fichier CONFIG.SYS sans être précédé de REM. La première version proposée ne fonctionne qu'avec la dernière version du DOS (5.0) tandis que la seconde est valable pour toute version.

➢ *Pour la version 5.0 du DOS*

```
@echo off
rem ANSI-1.BAT
rem Fonctionne uniquement avec la version 5.0 ✂
du DOS.
find /I "ansi"< \config.sys > !a!
find /I /V "rem" < !a! > !a!
copy !a! !b! > nul
if not exist !b! echo ANSI.SYS n'est pas ✂
actif. Modifiez Config.sys.
del !?!
```

➢ *Pour toute version du DOS*

```
@echo off
rem ANSI-2.BAT
```

```
rem Fonctionne avec toute version du DOS.
find "ansi" < \config.sys > !a!
find "Ansi" < \config.sys >> !a!
find "ANSI" < \config.sys >> !a!
find /V "rem" < !a! > !a!
find /V "Rem" < !a! >> !a!
find /V "REM" < !a! >> !a!
copy !a! !b! >nul
if not exist !b! echo ANSI.SYS n'est pas ✂
actif. Mofifiez CONFIG.SYS.
del !?!
```

Eliminer l'affichage d'une commande avec un DOS antérieur à 3.3

Les utilisateurs d'une version DOS antérieure à 3.3 ne peuvent éviter l'affichage de la commande ECHO OFF, celle-ci ne devenant effective qu'après avoir été lancée. Ce petit batch démontre l'utilisation des commandes ANSI pour effacer la ligne offensante.

```
echo off
echo ←[1A ←[K ←[2AL'affichage de Echo off a ✂
été éliminé: ça marche!
```

Noter que l'on peut supprimer l'affichage du mot de REM, qui précède toute ligne de commentaires, en le faisant suivre de trois caractères "backspace" (effacement arrière), comme le montre le fichier SANS-REM.BAT suivant:

```
cls
rem Sans-rem.bat
rem◊◊◊C'EST LA SEULE LIGNE OU L'ON NE VOIT ✂
PAS "REM" AU DEBUT
rem ça marche!
```

Utiliser ESCAPE de la ligne de commande

Le batch suivant permet de tester facilement les commandes ANSI en permettant d'entrer le caractère ESCAPE de la ligne de commande.

```
@echo off
rem ESC.BAT
if %1!==! goto aide
echo ←[%1%2%3%4%5%6%7%8%9
goto end

:AIDE
cls
echo.
echo But: Permettre d'entrer le caractère ✂
ESCAPE de la ligne de commande
echo pour tester facilement les commandes ANSI.
echo.
echo Syntaxe: Esc 7A remonte par exemple le ✂
curseur de 7 lignes.
echo.

:END
```

Animer son écran avec des séquences ANSI

On peut obtenir à peu près n'importe quel effet en utilisant les commandes ANSI appropriées. Le batch suivant effectue une petite démonstration des diverses possibilités. On pourrait également l'animer de différentes couleurs. Cette possibilité est laissée au lecteur à titre d'exercice.

```
@echo off
cls
set ansi=
echo ←[5;31H←[5mBIENVENUE
echo ←[0m
echo ←[8;18HDEMONSTRATION D'ANIMATION PAR ✂
ANSI.SYS
echo ←[9;18HDEMONSTRATION D'ANIMATION PAR ✂
ANSI.SYS
echo ←[10;18HDEMONSTRATION D'ANIMATION PAR ✂
```

```
ANSI.SYS
echo ←[11;18HDEMONSTRATION D'ANIMATION PAR ✂
ANSI.SYS

:TOP
if %ansi%!==1! set ansi=2
echo ←[0m
for %%x in (1 2 3 4 5 6 7 8 9)                ✂
do echo ←[23;%%xH←[¤¤¤
for %%x in (10 11 12 13 14 15 16 17 18 19)    ✂
do echo ←[23;%%xH←[¤¤¤
for %%x in (20 21 22 23 24 25 26 27 28 29)    ✂
do echo ←[23;%%xH←[¤¤¤
for %%x in (30 31 32 33 34 35 36 37 38 39)    ✂
do echo ←[23;%%xH←[¤¤¤
for %%x in (40 41 42 43 44 45 46 47 48 49)    ✂
do echo ←[23;%%xH←[¤¤¤
for %%x in (50 51 52 53 54 55 56 57 58 59)    ✂
do echo ←[23;%%xH←[¤¤¤
for %%x in (60 61 62 63 64 65 66 67 68 69)    ✂
do echo←[23;%%xH←[¤¤¤
for %%x in (70 71 72 73 74 75 76)             ✂
do echo ←[23;%%xH←[¤¤¤

echo ←[10;18H←[K
IF %ansi%!==2! echo←[J
IF %ansi%!==2! echo  ←[11;30HC'EST LA FIN!
for %%x in (1 2 3 4 5 6 7 8 9)                ✂
do echo ←[23;%%xH←[...VEUILLEZ PATIENTER...
for %%x in (10 11 12 13 14 15 16 17 18 19)    ✂
do echo ←[23;%%xH←[...VEUILLEZ PATIENTER...
for %%x in (20 21 22 23 24 25 26 27 28 29)    ✂
do echo ←[23;%%xH←[...VEUILLEZ PATIENTER...
for %%x in (30 31 32 33 34 35 36 37 38 39)    ✂
do echo ←[23;%%xH←[...VEUILLEZ PATIENTER...
for %%x in (40 41 42 43 44 45 46 47 48 49)    ✂
do echo ←[23;%%xH←[...VEUILLEZ PATIENTER...
for %%x in (50 51 52 53 54 55 56)             ✂
do echo ←[23;%%xH←[...VEUILLEZ PATIENTER...
if not %ansi%!==2! echo ←[9;18H✂
←[7mDEMONSTRATION D'ANIMATION PAR ANSI.SYS←[0m
IF %ansi%!==2! echo ←[11;29H✂
←[7m   AU REVOIR✂
   ←[0m
for %%x in (13 14 15 16 17 18 19)             ✂
do echo ←[23;%%xH←[...VEUILLEZ PATIENTER...
for %%x in (20 21 22 23 24 25 26 27 28 29)    ✂
do echo ←[23;%%xH←[...VEUILLEZ PATIENTER...
```

```
for %%x in (30 31 32 33 34 35 36 37 38 39)     ✂
do echo←[23;%%xH←[...VEUILLEZ PATIENTER...
for %%x in (40 41 42 43 44 45 46 47 48 49) do ✂
echo ←[23;%%xH←[...VEUILLEZ PATIENTER...
for %%x in (50 51 52 53 54 55 56)          do ✂
echo ←[23;%%xH←[...VEUILLEZ PATIENTER...
IF %ansi%!==2! echo ←[11;27H←[7m←[5m       A ✂
BIENTOT !!!      ←[0m

for %%x in (25 26 27 28 29) do echo ✂
←[23;%%xH←[...VEUILLEZ PATIENTER...
for %%x in (30 31 32 33 34 35 36 37 38 39) do ✂
echo ←[23;%%xH←[...VEUILLEZ PATIENTER...
for %%x in (40 41 42 43 44 45 46 47 48 49) do ✂
echo ←[23;%%xH←[...VEUILLEZ PATIENTER...
for %%x in (50 51 52 53 54 55 56)          do ✂
echo ←[23;%%xH←[...VEUILLEZ PATIENTER...

for %%x in (37 38 39) do echo
←[23;%%xH←[...VEUILLEZ PATIENTER...
for %%x in (40 41 42 43 44 45 46 47 48 49)     ✂
do echo ←[23;%%xH←[...VEUILLEZ PATIENTER...
for %%x in (50 51 52 53 54 55 56)              ✂
do echo ←[23;%%xH←[...VEUILLEZ PATIENTER...
echo ←[9;18H←[K
IF %ansi%!==2! echo • • •
if not %ansi%!==2! set ansi=1
if %ansi%!==2! goto end
goto top

:END
cls
```

Autres programmes contenus sur la disquette optionnelle

CLIGNOTE.BAT: Trois fichiers batch de démonstration montrent comment on peut obtenir l'affichage en clignotement d'un message, en tirant un parti à chaque fois meilleur des séquences ANSI.

MSG.COM: Programme permettant d'afficher un message en utilisant très facilement les commandes ANSI.

Chapitre 25

Gestion des niveaux d'erreur

Une bonne compréhension et une bonne utilisation des codes d'erreur, ou errorlevels, autorise à tester non seulement des événements extérieurs comme la date, le jour ou l'heure, mais aussi l'appui sur certaines touches pour créer des batchs interactifs.

Créer facilement un menu

Le batch suivant montre comment créer un menu, grâce à un programme assignant un niveau d'erreur de 1 à 26 aux caractères de A à Z, en dirigeant l'exécution vers le label correspondant à la touche sélectionnée. Tant que l'utilisateur n'a pas appuyé sur une touche valide, le message "Tapez une lettre de A à Z (et Esc pour sortir)" s'affiche. On sort de cette boucle en appuyant sur une touche valide ou sur la touche ESCAPE.

```
@echo off
rem ERRLEVEL.BAT.
:TOP
errtouch
if errorlevel 27 goto END
if errorlevel 6 goto aide
if errorlevel 5 goto E
if errorlevel 4 goto D
if errorlevel 3 goto C
if errorlevel 2 goto B
if errorlevel 1 goto A
:E
echo lettre e
goto top
:D
echo lettre d
goto top
:C
echo lettre c
goto top
:B
echo lettre b
goto top
:A
echo lettre a
```

```
goto top
:AIDE
echo Tapez une lettre de A à Z  (et Esc pour ✂
sortir)
goto top
:END
```

Voici le programme ERRTOUCH.COM utilisé par ce batch:

```
n ERRTOUCH.COM
a
mov ah,08
int 21
cmp al,1B
je 11E
cmp al,7A
ja 0102
cmp al,60
jbe 0114
and al,df
jmp 011C
cmp al,5A
ja 0102
cmp al,41
jb 0102
and al,3F
mov ah,4C
int 21

rcx
22
w
q
```

On crée ce programme en écrivant ce script sous un nom quelconque, par exemple ERRTOUCH.SCR, et en utilisant DEBUG de la façon suivante:

```
DEBUG < ERRTOUCH.SCR
```

N'oubliez pas les lignes blanches après "int 21" et après le "q" final. N'oubliez pas non plus de sauvegarder votre script en ASCII pur (mode "non document" sur les traitements de texte). Pour ceux que cette manœuvre intimiderait (ils ont tort), ce programme figure sur la disquette optionnelle.

Autres programmes contenus sur la disquette optionnelle

ERRLEVEL.EXE: Permet de tester la date, le jour de la semaine, l'année, le mois et l'heure d'après les niveaux d'erreur.

LPTCHK.COM: Permet de tester l'état d'une imprimante et de vérifier s'il y a une erreur générale, un câble non connecté, pas de papier, si l'imprimante est off-line ou si elle est prête.

Chapitre 26

Gestion des fichiers

En DOS une grande partie du temps se passe à gérer des fichiers, que ce soit pour les créer, les copier, les renommer, les déplacer, les éditer, les modifier, ou les visionner. Les batchs analysés ci-dessous permettent de faciliter considérablement ces diverses tâches.

Editer les derniers fichiers appelés sans avoir à redonner leur nom

On interrompt souvent une session d'écriture pour se livrer à une autre besogne. Quand on reprend sa tâche, il faut redonner le nom du fichier que l'on était en train d'éditer, ou des fichiers s'il y en a plusieurs, ce qui est pénible (rappelez-vous que les batchs sont faits pour les fainéants). ECRIT.BAT permet de se dégager de cette obligation: si on le fait suivre d'un nom de fichier (plusieurs si votre éditeur favori permet l'édition simultanée de fichiers dans des fenêtres), il édite normalement le fichier en question mais si l'on ne lui donne aucun paramètre il lancera votre traitement de texte préféré avec le nom du dernier fichier édité comme argument. Votre traitement de texte est supposé s'appeler EDIT et se trouver dans un répertoire inscrit dans le PATH. Il vous faudra évidemment modifier ces données en fonction de votre configuration personnelle si ce n'est pas le cas.

```
@echo off
rem ECRIT.BAT
if not %1!==! goto action
\ed.bat
:action
echo EDIT %1 %2 %3 %4 %5 %5 %7 %8 %9>\ed.bat
EDIT %1 %2 %3 %4 %5 %5 %7 %8 %9
```

ECRIT.BAT crée à la racine du disque dur un fichier nommé ED.BAT qui s'occupe de conserver les noms du ou des derniers fichiers appelés. On pourra le créer ailleurs, si on le désire, en modifiant légèrement ECRIT.BAT.

Editer plusieurs fichiers et pouvoir les rappeler sans donner leur nom

Le fichier précédent permet d'éditer un ou plusieurs fichiers simultanément, avec les traitements de texte autorisant cette manœuvre, bien entendu. Le batch proposé maintenant permet d'éditer des fichiers consécutivement et accepte les Jokers du DOS < ? > et < * > dans l'intitulé de la commande. On peut donc lancer l'ordre EDITPLUS *.BAT si l'on désire éditer tous les fichiers batch du répertoire à tour de rôle. Si on lance EDITPLUS sans argument, on retrouvera les derniers fichiers édités sans avoir à en redonner le nom. Voici EDITPLUS:

```
@echo off
rem EDITPLUS.BAT
if not %1!==! goto action
\edp.bat
:action
echo for %%%%A in (%1 %2 %3 %4 %5 %5 %7 %8 %9) ✂
do EDIT %%%%A >\edp.bat
for %%A in (%1 %2 %3 %4 %5 %5 %7 %8 %9) ✂
do EDIT %%A
```

Là encore, remplacez EDIT par le nom de votre traitement de texte habituel. Remarquez le redoublement des signes de pourcentage à l'avant-dernière ligne, nécessaires pour utiliser le signe pour-cent sans qu'il soit immédiatement pris pour une variable par le DOS. Cet exemple instructif doit être retenu: il se pourrait qu'il vous aide à comprendre un jour pourquoi l'un de vos batchs ne fonctionne pas. Là encore un fichier edp.bat est créé à la racine du disque dur pour conserver les noms des derniers fichiers appelés. On pourra le créer ailleurs en modifiant EDITPLUS.BAT.

```
rem dernier sans les modifications si on ✂
le désire.
if %1!==! goto aide
copy %1 sanmodif > nul
echo Numérote le fichier %1 et en crée une ✂
sauvegarde nommée SANMODIF
find /n /v "#~!]$[}" %1| find /v "-------" > %1
goto end

:AIDE
echo.
echo But: Numéroter les lignes d'un fichier
echo Usage: %0 Nom du fichier à traiter.
echo Note: Une sauvegarde SANMODIF est créée, ✂
avec %1 inchangé.
echo.

:END
```

Lister des fichiers à l'écran ou les imprimer

Le fichier batch suivant facilite le listage et l'impression d'un ou plusieurs fichiers. Sa syntaxe est simple, LIST-IMP suivi du nom du fichier à lister, avec la possibilité d'inclure des Jokers dans le nom: on visionnera tous les batchs du répertoire courant par LIST-IMP *.BAT. Pour imprimer ce ou ces fichiers on fait suivre la commande du mot PRN, par exemple: <LIST-IMP CONFIG.SYS PRN>. LIST-IMP utilise un second fichier, PRN-CON.BAT, dont le listing est donné plus bas.

```
@echo off
rem LIST-IMP.BAT
rem utilise le fichier PRN-CON.BAT
if %1!==! goto aide
if %2!==PRN! set dest=PRN
if not %2!==PRN! set dest=CON
for %%x in (%1) do call prn-con.bat %%x
goto end

:AIDE
echo.
echo But: Lister ou imprimer un fichier ✂
(plusieurs si Jokers).
```

```
echo Syntaxe %0 Fichier (Jokers acceptés) [PRN]
echo Ex: %0 *.BAT liste tous les fichiers ✂
BATCH à l'écran
echo ou: %0 *.* PRN imprime tous les fichiers ✂
du répertoire.
echo.

:END
set dest=
```

Voici le fichier PRN-CON.BAT, utilisé par LIST-IMP.BAT:

```
@echo off
rem PRN-CON.BAT
rem Est utilisé par IMP-LIST.BAT
echo.
echo Fichier %1
echo.
if %dest%!==PRN! echo Fichier %1 > PRN
if %dest%!==PRN! echo. > PRN
if %dest%!==PRN! copy %1 PRN > NUL
if %dest%!==PRN! echo. > PRN
if %dest%!==CON! copy %1 CON
if %dest%!==CON! echo Appuyez sur une touche
if %dest%!==CON! pause > NUL
echo.
```

Autres programmes contenus sur la disquette optionnelle

COPY2.EXE: Programme permettant la copie de plusieurs fichiers en une seule commande.

ERAZ.EXE: Permet d'effacer plusieurs fichiers en une seule commande en affichant les noms des fichiers effacés, ce qui est très utile pour voir si l'on a fait une bourde (mauvaise utilisation des caractères génériques < * > et < ? >), et en additionnant la taille des fichiers effacés ce qui permet de mieux se rendre compte de l'importance de la manœuvre. Voici un exemple de ce que l'on obtient après la commande ERAZ *.*:

```
CHAP3 est effacé: 19112 Octets
CHAP4 est effacé: 5675 Octets
CHAP5 est effacé: 10586 Octets
CHAP6 est effacé: 7754 Octets
CHAP7 est effacé: 12063 Octets
CHAP8 est effacé: 21727 Octets
CHAP9 est effacé: 3529 Octets
AFAIRE est effacé: 49 Octets
TABLE est effacé: 10811 Octets

9 Fichiers ont été effacés, représentant 91306
Octets.
```

On vérifie ainsi aisément que l'on a bien effacé seulement les fichiers dont on désirait se débarrasser.

FIND-CAR.BAT: Trouve les fichiers contenant certains groupes de lettres.

TROUV.EXE: Trouve les fichiers dont le nom contient certaines lettres, indique la place qu'ils occupent sur le disque ou sur une disquette et la place gâchée du fait de l'allocation par clusters.

TROUVTOU.BAT: Découvre si un fichier contient des mots spécifiés.

TRVCHAIN.BAT: Découvre si un fichier contient une chaîne de caractères donnée.

TY.EXE: Donne la taille des fichiers spécifiés du répertoire, et par défaut de tous. TY *.BAT donne ainsi la taille cumulée de tous les fichiers batch du répertoire courant, tandis que TY donne la taille de tous les fichiers.

Chapitre 27

Gestion de l'imprimante

Les paresseux adoreront les programmes analysés dans ce chapitre, qui leur permettront de se forger des outils personnalisés pour dominer leur imprimante et éviter d'avoir à quitter leur fauteuil pour la placer en mode courrier, faire avancer le papier de quelques lignes ou éjecter une page.

Ejecter une page automatiquement

Rien de plus irritant que d'être obligé de se lever pour faire avancer le papier jusqu'à un nouveau début de page. Le tout petit batch suivant résout ce problème élégamment, en envoyant une commande de saut de page à l'imprimante (code ASCII12):

```
@echo off
rem EJECT.BAT
ECHO ♀ > PRN
```

Créer un programme envoyant des codes de configuration à l'imprimante

On peut facilement créer une série de programmes capables de configurer l'imprimante comme on le désire: par exemple pour passer en gras, imprimer en double hauteur, revenir à une impression normale, éjecter une page ou faire avancer le papier de quelques lignes, etc. Il n'y a pas de limites.

Ces programmes seront créés en assembleur. Leur création sera automatisée grâce au batch suivant:

```
@echo off
rem PROGPRN.BAT. Crée un programme capable de
rem configurer l'imprimante.
if (%1)==() goto aide
echo N %1.com > printer.imp
set temp.$$$=%1
shift
```

```
echo A 100 >> printer.imp

:DEBUT
if (%1)==() goto fin
echo MOV DL,%1 >> printer.imp
echo MOV AH,05 >> printer.imp
echo INT 21 >> printer.imp
shift
goto debut

:FIN
echo int 20 >> printer.imp
echo. >> printer.imp
echo RCX >> printer.imp
echo 11C >> printer.imp
echo W  >> printer.imp
echo Q  >> printer.imp
command /c debug < printer.imp
del printer.imp
echo %temp.$$$% vient d'être créé
set temp.$$$=
goto end

:AIDE
echo Pour utiliser ce programme entrez "%0" ✂
suivi d'abord du nom que vous désirez donner ✂
au programme puis de la valeur HEXADECIMALE ✂
(c'est-à-dire allant de 0 à FF) des codes de ✂
contrôle que vous désirez envoyer à l'impri-✂
mante, par exemple: %0 Courrier 1B 6B 3

:END
```

Le mode d'emploi de ce fichier batch est le suivant:

```
"PROGPRN Nom_du_programme_à_créer ✂
Codes_de_contrôle_utiles"
```

Exemple:

```
"PROG GRAS 1B 45"
```

Supposons que l'on veuille créer un programme permettant d'imprimer en gras. Pour utiliser PROG, il faut décider quel nom donner à ce programme et connaître les caractères de contrôle à envoyer à l'imprimante, exprimés en notation hexadécimale. Ces derniers sont analysés dans le manuel de votre imprimante, ou pour ceux qui désirent creuser le sujet dans l'ouvrage paru sous ma plume chez Marabout: *L'Indispensable pour votre Imprimante, (*MS 965). Indiquons-les pour l'exemple présent: ce sont les caractères 1B et 45, représentant le code Escape et la lettre majuscule E. L'imprimante est en effet programmée pour considérer la réception du code Escape suivi de la lettre “E” comme une instruction lui intimant l'ordre de passer en gras. Pour ce qui est du nom à donner au programme, on choisira quelque chose d'explicite, GRAS par exemple. La commande indiquée plus haut devient facile à comprendre: PROG est le nom du fichier batch, GRAS représente le nom à donner au programme que PROG va créer, et finalement 1B 45 représentent les deux caractères nécessaires au passage en gras, exprimés en hexadécimal.

➢ *Passer en mode courrier*

Les suggestions suivantes auront peut-être une utilité plus immédiate: voici comment créer COURRIER.COM, qui fera passer l'imprimante en mode DOUBLE FRAPPE. Ce mode, activé par Escape G et désactivé par Escape H, est plus universel que le mode Courrier proprement dit, car il est valable en émulation EPSON comme en émulation IBM et permet d'obtenir une impression d'assez belle facture. NORMAL.COM rétablit quant à lui l'imprimante dans sa configuration précédente. Voici les codes à employer:

Pour créer COURRIER.COM:

```
PROGPRN COURRIER 1B 47
```

et pour créer NORMAL.COM:

```
PROGPRN COURRIER 1B 48
```

Voici deux autres programmes intéressants, FF.COM qui éjecte une page et LF.COM qui permet de faire avancer le papier d'une ligne sans quitter son fauteuil.

➢ *Ejecter une page*

On peut soit utiliser le petit batch donné en début de chapitre, soit créer le programme FF.COM, c'est-à-dire Form Feed, par:

```
PROGPRN FF 0C
```

Le code de la commande Form Feed est de 12 en décimal, donc 0C en héxa.

➢ *Faire avancer le papier d'une ou plusieurs lignes*

On va créer le programme LINEFEED.COM par:

```
PROGPRN LINEFEED 0A
```

Le code Line Feed permettant l'avance du papier d'une ligne sur une imprimante est en effet de 10 en notation décimale, et donc 0A en héxadécimal. Maintenant que le programme LINEFEED.COM existe, on peut créer un batch LF.BAT permettant de faire avancer le papier non seulement d'une ligne mais de plusieurs si l'on veut:

```
@echo off
rem LF.BAT. Fait avancer le papier d'une ou ✂
plusieurs lignes.
rem Utilise le programme LINEFEED créé par ✂
PROGPRN LINEFEED 0A.
rem Rappel: PROGPRN.BAT est donné ailleurs ✂
dans cet ouvrage.
if (%1)==(1) goto 1
if (%1)==(2) goto 2
if (%1)==(3) goto 3
if (%1)==(4) goto 4
if (%1)==(5) goto 5
if (%1)==(6) goto 6
if (%1)==(7) goto 7
if (%1)==(8) goto 8
if (%1)==(9) goto 9
```

```
if (%1)==(10) goto 10
goto aide
:10
for %%a in (1 2 3 4 5 6 7 8 9 1) do linefeed
goto end
:9
for %%a in (1 2 3 4 5 6 7 8 9) do linefeed
goto end
:8
for %%a in (1 2 3 4 5 6 7 8) do linefeed
goto end
:7
for %%a in (1 2 3 4 5 6 7) do linefeed
goto end
:6
for %%a in (1 2 3 4 5 6) do linefeed
goto end
:5
for %%a in (1 2 3 4 5) do linefeed
goto end
:4
for %%a in (1 2 3 4) do linefeed
goto end
:3
for %%a in (1 2 3) do linefeed
goto end
:2
for %%a in (1 2) do linefeed
goto end
:1
linefeed
goto end
:AIDE
echo.
echo Taper LF suivi d'un chiffre de 1 à 10 ✂
pour faire avancer le papier sur l'imprimante ✂
du nombre de lignes correspondant
echo.
:END
```

Son utilisation est simple: il suffit de lancer le programme en spécifiant en argument le nombre de lignes dont on veut faire avancer le papier.

Chapitre 28

Gestion des répertoires

Le présent chapitre est riche, à cause des nombreux programmes analysés mais également en raison de l'intérêt qu'ils présentent: intérêt direct car ils simplifient grandement la vie de l'utilisateur, intérêt indirect car les techniques mises en œuvre sont d'une étude très rentable.

Ajouter automatiquement le répertoire courant au PATH

Il arrive que l'on veuille inclure un répertoire dans le PATH, afin de pouvoir utiliser les programmes contenus dans ce répertoire depuis n'importe quel autre répertoire du disque: la manœuvre est malheureusement pénible, puisqu'en théorie il faut retaper tout le PATH qui n'est pas modifiable. Le batch suivant, très original, permet d'inclure automatiquement le répertoire courant dans le PATH: il suffit simplement de lancer le batch, et le tour est joué!

```
@echo off
rem HOMEPATH.BAT
set oldprompt=%prompt%
rem > !a!.bat
prompt path=%path%;$p
command /c !a!.bat > !b!.bat
prompt=%oldprompt%
call !b!
del !?!.bat
```

Attention cependant, le PATH ne peut comporter plus de 122 caractères. Si votre PATH est déjà très long, la manœuvre peut échouer.

Créer un répertoire et s'y rendre en une seule opération

Combien de fois n'a-t-on pas créé un répertoire pour y copier des fichiers, mais oublié de s'y rendre avant d'effectuer la copie? Résulat: un fouillis dont on a du mal à se dépêtrer. La solution? Créer le répertoire et s'y rendre en une seule opération, grâce à ND.BAT:

```
@echo off
rem ND.BAT (New Directory). Crée un répertoire ✂
et y conduit.
if (%1)==() goto msg
md %1
cd %1
goto end
:MSG
echo.
echo But: Créer un répertoire et s'y rendre ✂
en une seule opération
echo Syntaxe: %0 Nom du répertoire
goto end
echo.
:END
```

On fait difficilement plus simple, et pourtant plus pratique. Cette commande devrait tout simplement exister en DOS.

Revenir d'une seule touche sur le disque et le répertoire actuels

Le fichier suivant, qui utilise plusieurs techniques pour parvenir à ses fins, est très intéressant et mérite une étude attentive. Il permet de revenir facilement dans le répertoire courant, même si l'on change de répertoire et de disque. Pour cela il suffit d'appuyer sur la touche de fonction F10. Ceux qui utilisent déjà cette touche pour une raison ou une autre peuvent modifier la touche de retour. Le programme permet aussi d'annuler facilement les réaffectations de touches qu'il opère.

La syntaxe la plus simple est < MEM-REP >, qui permet le retour dans le répertoire par F10. On peut changer la touche de retour par: MEM-REP F1 à F10 ou MEM-REP suivi du code étendu d'une combinaison de touches, par exemple: MEM-REP 21 qui permet de revenir dans le répertoire par < Alt-Y >.

L'annulation de réaffectation de la touche F10 se fait par < MEM-REP a > ou < MEM-REP /a >, celle de la combinaison < Alt-Y > par < MEM-REP a 21 > ou < MEM-REP /a 21 >.

Voici maintenant ce batch:

```
@echo off
rem MEM-REP.BAT
if %1!==! set touche=68
if %1!==/?! goto aide
for %%A in (Annule ANNULE annule A a /a /A) do ✂
if %1!==%%A! goto inverse
if not %1!==! goto majuscules
:SUITE
echo Pour obtenir de l'aide, tapez %0 /?
set oldprompt=%prompt%
echo on
@prompt $e[0;%touche%;"$n:";13;"CD ";"$p";13p

@rem remonte le curseur de 4 lignes
@prompt $e[4A

@echo off
goto menage
:MAJUSCULES
set oldpath=%path%
path %1
set choix=%path%
path=%oldpath%
set oldpath=
set touche=%1
if %choix%!==F1! set touche=59
if %choix%!==F2! set touche=60
if %choix%!==F3! set touche=61
if %choix%!==F4! set touche=62
if %choix%!==F5! set touche=63
if %choix%!==F6! set touche=64
```

```
if %choix%!==F7! set touche=65
if %choix%!==F8! set touche=66
if %choix%!==F9! set touche=67
if %choix%!==F10! set touche=68
goto suite
:INVERSE
set oldprompt=%prompt%
if %2!==! set touche=68
if not %2!==! set touche=%2
echo on
@prompt $e[0;%touche%;0;%touche%p

@rem remonte le curseur de 4 lignes
@prompt $e[4A

@echo off
:MENAGE
set choix=
set touche=
set prompt=%oldprompt%
set oldprompt=
goto end
:AIDE
cls
echo.
echo BUT: Revenir d'une touche sur le disque ✂
et le répertoire actuels.
echo.
echo SYNTAXE: %0 [F1 à F10] ou %0 Code étendu ✂
(défaut F10).
echo.
echo ANNULATION. On peut redonner leur valeur ✂
normale aux touches par la commande: %0 annule ✂
Code_de_la_touche_visée
echo On peut aussi remplacer Annule par a, A, ✂
/a ou /A.
echo.
echo EXEMPLES D'AFFECTATION:
echo.
echo %0: permet de revenir sur le répertoire ✂
en appuyant sur F10 (défaut).
echo %0 F4 (ou f4): permet de choisir la ✂
touche F4 au lieu de F10.
echo %0 21: permet de revenir sur le ✂
répertoire par ALT-Y (code étendu 21).
echo.
echo EXEMPLES D'ANNULATION:
echo.
```

```
echo %0 A désaffecte la touche F10 (défaut)
echo %0 /a 62 désaffecte la touche F4 (62 est ✂
le code étendu de F4)
echo %0 a 21 désaffecte la séquence ALT-Y (de ✂
code étendu 21).
echo.
echo Appuyez sur une touche pour un rappel des ✂
codes étendus
pause > nul
cls
echo   CODES ETENDUS DU CLAVIER
echo.
echo   Code étendu     Description des touches
echo.
echo     15            MAJ TAB
echo     71            Début
echo     16-25         ALT Q,W,E,R,T,Y,U,I,O,P
echo     72            Flèche-haut
echo     30-38         ALT A,S,D,F,G,H,J,K,L
echo     73            Page-haut et début
echo     44-50         ALT  Z,W,C,V,B,N,M
echo     75            Flèche-gauche
echo     59-68         F1-F10
echo     77            Flèche-droite
echo.
echo     79            End
echo     84-93         MAJ F1-F10
echo     80            Flèche bas
echo     94-103        CTRL F1-F10
echo     81            Page-bas et début
echo    104-113        ALT F1-F10
echo     82            Ins
echo    114            CTRL PRTSC
echo     83            Sup
echo.
echo    115            CTRL Flèche-Gauche
echo    119            CTRL Début
echo    116            CTRL Flèche-Droite
echo    120-131        ALT 1,2,3,4,5,6,7,8,9,0,-,=
echo    117            CTRL FIN
echo    132            CTRL Page-haut
echo    118            CTRL Page-bas
echo    133-134        F11-F12
echo    135-136        MAJ F11-F12
echo    139-140        ALT F11-F12
echo    137-138        CRTL F11-F12
echo.
:END
```

Eliminer les doublons de son disque dur

DUPLIC.BAT permet de découvrir si deux répertoires ont des fichiers de même nom, ce qui facilite l'élimination des doublons.

```
@echo off
rem DUPLIC.BAT
if %1!==! goto aide
echo Ce répertoire a les fichiers suivants ✂
en commun avec %1:
for %%A in (*.*) do if exist %1\%%A echo %%A
for %%A in (*.*) do if exist %1\%%A goto end
for %%A in (*.*) do if not exist %1\%%A echo ✂
Aucun fichier commun.
goto end
:AIDE
echo.
echo But: Découvrir des fichiers de nom ✂
identique entre le répertoire courant et ✂
un autre répertoire.
echo Syntaxe: %0 Nom du répertoire avec lequel ✂
s'effectue la comparaison.
echo.
:END
```

On appelle ce batch par: DUPLIC suivi du répertoire avec lequel s'effectue la comparaison, par exemple DUPLIC C:\UTIL.

Retrouver des fichiers perdus

Le court mais puissant batch suivant permet de retrouver facilement des fichiers perdus sur le disque. On l'appelle par FIND-FICH CHAINE, les Jokers étant admis. Par exemple la commande FIND-FICH FILE*.* permet de retrouver tous les fichiers débutant par FILE, FIND-FICH ?ILE*.* permet également de trouver SILENCE.COM et PILE.BAT.

```
@echo off
rem FIND-FICH.BAT
```

```
if %1!==! goto aide
attrib \%1 /s
goto end
:AIDE
echo.
echo But: Trouver où sont situés des fichiers ✂
perdus.
echo Syntaxe: %0 %1 (Jokers admis)
echo.
echo Ex: %0 file*.* trouve tous les fichiers ✂
dont le nom débute par File.
echo     %0 ?ile*.* trouve également ✂
SILENCE.COM ET PILE.BAT par exemple.
echo.
:END
```

Trouver tous les fichiers dont le nom comporte une chaîne donnée

Le fichier suivant, également très puissant, permet de trouver tous les fichiers du disque dont le nom comporte une chaîne donnée. Il diffère du précédent en ce qu'il permet de retrouver des fichiers dont on ne connaît du nom que quelques lettres. Il est spécialement utile dans ce cas-là: la commande FINDFILE IFD permet par exemple de découvrir où se trouve le fichier verIFDel.bat dont on avait perdu la trace. Quel autre utilitaire fait de même? Les lignes traitant du PATH servent à mettre la chaîne désirée en majuscules, ce qui est utile pour la commande FIND qui est sensible aux minuscules et majuscules. MS-DOS 5.0 comporte une option permettant de ne pas en tenir compte, mais nous avons préféré donner un batch utilisable avec toute version du DOS.

```
@echo off
rem FINDFILE.BAT
if (%1)==() goto aide
if not %2!==! goto aide
cls
echo.
```

```
echo Recherche de tous les fichiers du disque ✂
comportant la chaîne "%1".
echo.
echo                                    ... PATIENCE ...
set oldpath=%path%
path=%1
set cherche=%path%
path=%oldpath%
set oldpath=
chkdsk /V | find "%cherche%" |more
echo.
goto end
:AIDE
echo.
echo But: Recherche d'un fichier.
echo Usage: %0 Partie du Nom de fichier ✂
cherché (ou du répertoire).
echo Ex: %0 fin ou %0 OS
echo.
:END
```

Notez que l'on peut éliminer les noms de répertoire de cette recherche par chkdsk /V | find /v "Répertoire"| find "%cherche%" |more (DOS francisé) ou chkdsk /V | find /v "Directory"| find "%cherche%" |more (DOS américain), et que l'on peut rerouter le résultat de la recherche vers un fichier au lieu de l'écran, pour utilisation ultérieure, par:

```
CHKDSK /V | FIND "%CHERCHE%" > LOG
```

Changer de répertoires par des raccourcis

Le fichier suivant, dont il est difficile de se passer quand on s'y est habitué, permet de mémoriser des répertoires sous un nom court et de s'y rendre par la commande G suivi du nom choisi. Si l'on est dans C:\TRAVAIL\COMPTES\LOTUS il suffit de taper GO 123 pour pouvoir ensuite réintégrer ce répertoire de n'importe quelle partie du disque en tapant simplement < G 123 >. On peut ainsi donner des alias simples aux répertoires où l'on va le plus souvent, ce qui évite d'avoir à taper des commandes interminables.

```
@echo off
rem GO.BAT. Permet de changer facilement de ✂
répertoires.
if %1!==! goto aide
if not exist c:\quit.bat rem>c:\quit.bat
if not exist c:\g.bat goto noexist
goto suite
:NOEXIST
echo @echo off > c:\g.bat
echo goto %%1 >> c:\g.bat
:SUITE
set oldprompt=%prompt%
prompt :%1 $_$n: $_CD $P $_c:\quit
rem > $!$!$1.bat
command /c $!$!$1 > $!$!$2.bat
copy c:\g.bat + $!$!$2.bat c:\g.bat > nul
prompt=%oldprompt%
del $!$!$?.bat
goto end
:AIDE
cls
echo.
echo But: Permettre de revenir dans des
echo répertoires par des raccourcis dont le nom
echo est laissé à l'appréciation de
echo l'utilisateur.
echo.
echo Usage: %0 Nom choisi (le plus court possible
echo pour gagner du temps).
echo.
echo Exemple: On est dans le répertoire ✂
C:\TRAVAIL\COMPTES\LOTUS et l'on veut pouvoir
echo se rendre facilement de n'importe où dans ✂
ce répertoire en tapant seulement G 123.
echo On mémorise ce raccourci par %0 123. Il ✂
suffit ensuite de taper G 123 de n'importe où ✂
echo pour réintégrer le répertoire.
echo.
echo On peut mémoriser autant de répertoires ✂
que l'on veut.
echo.
echo Conseil: Pour se souvenir des raccourcis ✂
donnés à chaque répertoires, on peut leur
echo affecter toujours les premières lettres ✂
de leur nom (toujours le même nombre, c'est plus
```

```
echo.facile à retenir). Par exemple LOT pour ✂
LOTUS, DBA pour Dbase ou WOR pour WORD.
echo.
echo Attention cependant: si deux labels ont ✂
le même nom, G se rendra toujours sur le
echo premier des deux répertoires qu'ils ✂
remplacent.
echo.
:END
```

Pour que ce batch fonctionne, il faut que la racine du disque < C: > soit incluse dans le PATH, ou modifier le script de façon à créer les fichiers QUIT.BAT et G.BAT en un répertoire compris dans le PATH, par exemple C:\DOS.

Effectuer une sauvegarde avec XCOPY

Les sauvegardes effectuées avec la commande BACKUP manquent parfois de fiabilité et peuvent être difficiles à restaurer sur une machine possédant une version différente du DOS. Mieux vaut réaliser le travail répertoire par répertoire, ou en traitant le disque entier, grâce à la commande XCOPY.

Voici comment y parvient BAKUPDIR.BAT:

```
@echo off
rem BAKUPDIR.BAT
if %1!==! goto aide
echo copie sur %1 tous les fichiers de
cd
echo même s'ils occupent plus d'une disquette.
attrib +A *.*
echo Les fichiers sont copiés vers %1
:BOUCLE
xcopy . %1 /M > nul
if errorlevel 4 if not errorlevel 5 goto plein
goto end
:PLEIN
echo Introduire une autre disquette en %1
goto boucle
:AIDE
echo Syntaxe %0 Disque(tte)_cible
:END
```

On lance ce batch après s'être muni d'un nombre suffisant de disquettes libres et formatées. Pour effectuer une sauvegarde de tout le disque, se placer à la racine de ce dernier et rajouter l'option "/S" à la ligne:

```
XCOPY . %1 / M > NUL
```

Autres programmes contenus sur la disquette optionnelle

DEBOGUE.BAT: Fichier d'aide au déboguage.

EDPATH.EXE: Programme en batch compilé permettant de modifier le PATH en ajoutant ou supprimant très simplement des répertoires.

GOTONEXT.BAT: Permet de se rendre facilement dans un répertoire-frère.

MEMHOME.BAT: Pour revenir dans le répertoire courant en tapant simplement RETOUR.

MEMO-REP.BAT: Version simplifiée de MEM-REP, permet de revenir dans le répertoire courant par < Alt-Y >, sans possibilité de modification de la touche de retour.

OTE-REP.BAT: Efface, après confirmation, tout un répertoire et les fichiers qu'il contient en une seule étape.

PUSHPOP.COM: Programmes permettant de conserver un répertoire en mémoire et d'y revenir.

UP.BAT: Permet de se rendre facilement dans le répertoire-parent.

RACINE.BAT: Permet de se rendre facilement à la racine.

RP.BAT et **SP.BAT**: Pour sauvegarder et réintégrer une pile de 4 répertoires.

SETHOME.EXE: Permet de conserver le disque et le répertoire courants en mémoire et d'y revenir facilement.

SETPATH.EXE: Programme écrit en batch et compilé sous forme d'exécutable, permettant d'ajouter facilement des répertoires au PATH, d'y ajouter automatiquement le répertoire courant, et enfin de récupérer l'ancien PATH tel qu'il existait avant la modification.

VAVITE.BAT: Permet de retourner dans un répertoire par un raccourci choisi par l'utilisateur.

Chapitre 29

Créer des utilitaires

Ce dernier chapitre propose des utilitaires très divers, permettant à chacun de se forger des outils sur mesure selon ses goûts et ses besoins.

Protéger son ordinateur pendant son absence

Les deux fichiers suivants, PROTEGE et DEPROTEG, permettent de désactiver et réactiver la touche <ENTER>, sans laquelle le clavier n'a aucun sens. Pour réutiliser le clavier, il suffit de lancer le programme DEPROTEG et d'appuyer sur la touche &.

```
@rem PROTEGE.BAT
@rem Attention: conserver les lignes blanches
@rem après les commandes Prompt.
@set oldprompt=%prompt%
@prompt $e[13;255;13p

@prompt $e[38;13;13p

@prompt=%oldprompt%

@echo off
echo.
echo Votre ordinateur est maintenant protégé, la
echo touche Enter étant remplacée par la touche
echo &. Pour remettre tout en ordre, lancez
echo DEPROTEG.BAT et confirmez par la touche &.
echo.

@rem DEPROTEG.BAT
@rem Attention: conserver les lignes blanches
@rem après les commandes Prompt.
@set oldprompt=%prompt%
@prompt $e[13;13p

@prompt $e[38;38p

@prompt=%oldprompt%
```

Récupérer des fichiers effacés

Le fichier POUBELLE.BAT permet de trouver une solution radicale au problème de la récupération des fichiers effacés: au lieu d'utiliser de façon **curative** un utilitaire du type UNDELETE, au résultat incertain surtout quand le fichier a été effacé il y a longtemps et que sa place risque d'être occupée par un autre fichier, mieux vaut traiter le problème de façon **préventive** en conservant les données à protéger dans un répertoire spécialement affecté à cet effet. Pour cela on n'efface plus ses fichiers par la commande DEL mais par POUBELLE, par exemple POUBELLE DOSSIER.DOC *.TXT *.BAK: on bénéficie en plus d'un bonus puisqu'on peut effacer plusieurs fichiers par une même commande!

```
@echo off
rem POUBELLE.BAT. Permet de conserver les
rem fichiers effacés afin de
rem pouvoir les récupérer le cas échéant. Version
rem pour DOS français.

if %1!==! goto aide
if not exist \poubelle\nul md \poubelle
if %1!==/r! goto renomme
if %1!==/R! goto renomme

:DEBUT
if not exist %1 echo %1 n'existe pas
if not exist %1 goto aide

:BOUCLE
if exist \poubelle\%1 goto existe
copy %1 \poubelle /v
if exist \poubelle\%1 del %1
shift
if exist %1 goto boucle
goto end

:EXISTE
echo.
echo \poubelle\%1 existe déjà!
echo.
```

```
echo Pour CONTINUER, appuyez sur N (ce qui .
echo écrasera \poubelle\%1)
echo Pour STOPPER, appuyez sur O
echo.
echo Pour copier %1 dans \poubelle sous un autre
echo nom, relancez %0 ainsi:
echo %0 /R %1 Nouveau_nom
echo.
echo ♥ | pause > nul
copy %1 \poubelle /v
if exist \poubelle\%1 del %1
shift
if exist %1 goto boucle
goto end

:RENOMME
echo.
if not exist %2 echo %2 n'existe pas!
echo.
if not exist %2 goto end
echo Vous désirez copier %2 dans \poubelle sous
echo le nom %3.
if exist \poubelle\%3 goto gateux
echo.
echo Si oui, appuyez sur N.
echo Si non, appuyez sur O.
echo.
echo ♥ | pause > nul
echo.
copy %2 \poubelle\%3 /v
if exist \poubelle\%3 del %2
goto end

:GATEUX
echo.
echo \poubelle\%3 existe également. Faites plus
echo attention!
echo.
goto end

:AIDE
echo.
echo But: Conserver les fichiers effacés afin de
echo pouvoir les récupérer
echo le cas échéant.
echo.
echo Syntaxe: %0 Fichier(s) à effacer.
echo.
```

```
shift
if not exist %1 goto end
echo Appuyez sur une touche pour continuer
echo pause > nul
goto debut

:END
```

Tout fichier effacé par POUBELLE peut être récupéré puisqu'il figure sous son nom originel dans le répertoire POUBELLE du disque dur. Les possesseurs d'un DOS américain remplaceront, au label ":EXISTE", le message "echo Pour STOPPER, appuyez sur O" par: "echo Pour STOPPER, appuyez sur Y". Notez que s'il existe dans le répertoire POUBELLE un fichier de même nom que celui à effacer, l'utilisateur a le choix entre interrompre la manœuvre, la poursuivre ou renommer la copie du fichier en cours.

Créer un fichier batch réinscriptible

Il arrive de répéter des commandes sans pour autant désirer créer un batch: on oublie toujours d'effacer les batchs temporaires quand il sont périmés, ce qui fait que le disque finit par se remplir de petits fichiers batch dont on ne sait plus à quoi ils servent mais que l'on n'ose pas effacer. La solution consiste à créer un fichier batch réinscriptible, qu'on lance facilement en tapant son nom sans argument. MAKEDO.BAT répond à ces exigences. Facile à créer, il permet de vérifier les ordres qu'il contient, de les modifier grâce à son propre éditeur de texte ou de les effacer pour les remplacer par d'autres:

```
@echo off
rem MAKEDO.BAT. Permet de créer des fichiers
rem batch provisoires.
if %1!==! if not exist c:\do.bat goto help
if %1!==! c:\do
```

```
if %1!==/?! goto contenu
if %1!==/h! goto help
if %1!==/a! goto add
if %1!==/d! goto delete
if %1!==/m! goto modify
shift
if not %9!==! goto debordement
echo @echo off > c:\do.bat
echo %0 %1 %2 %3 %4 %5 %6 %7 %8 >> c:\do.bat
c:\do.bat

:ADD
shift
if not %9!==! goto debordement
echo @echo off >> c:\do.bat
echo %1 %2 %3 %4 %5 %6 %7 %8 >> c:\do.bat
goto end

:DELETE
del c:\do.bat
goto end

:DEBORDEMENT
echo.
echo Impossible de dépasser 9 paramètres
echo.
goto help

:CONTENU
echo DO.BAT CONTIENT LES COMMANDES SUIVANTES:
echo.
type c:\do.bat
echo.
goto end

:MODIFY
edit c:\do.bat
goto end

:HELP
echo.
echo    SYNTAXE      ACTION
echo.
echo       %0        lance la commande stockée
echo                 dans do.bat
echo.
echo       %0 /?     affiche le contenu de do.bat
echo.
```

```
echo        %0 /a    ajoute une commande à do.bat
echo.
echo        %0 /m    modifie do.bat
echo.
echo        %0 /d    efface do.bat
echo.
echo        %0 /h    affiche ce tableau d'aide
echo.

:END
```

Ce batch suppose que l'on utilise un traitement de texte nommé EDIT. Si ce n'est pas le cas, il faut le modifier pour tenir compte de sa configuration personnelle. N'oubliez pas de sauvegarder vos textes en ASCII.

Enchaîner plusieurs ordres sur la ligne de commande

On aimerait parfois lancer plusieurs commandes d'un seul coup. On peut bien entendu créer un fichier batch pour la circonstance, mais la plupart du temps cela n'en vaut pas la peine. La solution? Créer un batch permettant de telles manœuvres. PILE.BAT remplit parfaitement cet office. Il permet d'enchaîner plusieurs ordres sur la ligne de commande, en séparant ces derniers du caractère "&", par exemple:

```
PILE DEL *.BAK & XCOPY *.DOC A: & PRINT ✂
C:\DOC\SAVE.TXT

@echo off
rem PILE.BAT. Permet d'enchaîner des ordres ✂
sur la ligne de commande.
if (%1)==() goto syntaxe
set cmd=

:BOUCLE
if (%1)==(&) goto ok
set cmd=%cmd% %1
goto shift
```

```
:OK
call %cmd%
set cmd=

:SHIFT
shift
if not (%1)==() goto boucle
call %cmd%
set cmd=
goto end

:SYNTAXE
echo.
echo Enchaîne des commandes séparées d'un espace
echo et du caractère &.
echo Exemple: %0 DEL *.BAK & XCOPY *.DOC A: & ✂
PKZIP SAVE *.DOC *.TXT
echo.

:END
```

Vérifier si des fichiers sont lisibles

VERIF.BAT permet de vérifier rapidement si une disquette ou des fichiers sont lisibles, donc utilisables. Ce programme présente un grand intérêt pour effectuer des sauvegardes dont on soit sûr, en conjonction avec la commande XCOPY.

```
@echo off
rem VERIF.BAT. Permet de vérifier si des fichiers
rem sont lisibles.
if %1!==! goto aide
for %%x in (%1 %2 %3 %4 %5 %6 %7 %8 %9) do ✂
copy %%x nul /b
goto end

:AIDE
cls
echo.
echo But: Vérifier si des fichiers sont lisibles.
echo Syntaxe: %0 Fichier1 Fichier2...Fichier9
echo (Jokers admis).
echo Ex: %0 command.com \config.sys \batch\*.bat
echo.
```

```
echo Très utile pour vérifier (par %0 A:*.*) une
echo disquette que l'on vient de recevoir, si
echo l'on n'a pas le temps d'en tester les
echo programmes.
echo.
echo Des messages "1 fichier copié" apparaissent
echo si tout se passe bien. Si un fichier n'est
echo pas lisible, le DOS affiche un message
echo d'erreur.
echo.

:END
```

Générer automatiquement un batch lançant une commande donnée

BUILDBAT.BAT permet de générer automatiquement des batchs exécutant une même action sur tout ou partie des fichiers du répertoire. Supposons que l'on veuille copier tous les fichiers d'extension BAT vers <A:>. BUILDBAT génèrera un fichier contenant:

```
copy DDD.BAT a:
copy BUILDBAT.BAT a:
copy ERRORCHK.BAT a:
copy FOR-COM.BAT a:
etc...
```

Sa syntaxe est simple: il suffit d'indiquer dans l'ordre l'action à mener, COPY par exemple, le fichier auquel il s'applique, *.BAT par exemple, et le nom que l'on entend donner au batch nouvellement créé, par exemple COPYBAT.BAT. La commande: <BUILDBAT COPY *.BAT COPYBAT A:> génèrera alors un fichier COPYBAT.BAT contenant la commande: copy ... A: appliquée à tous les fichiers batch du répertoire. Les lecteurs trouveront certainement des applications intéressantes à ce générateur de batch, dont une version compilée est fournie sur la disquette optionnelle.

```
@echo off
rem BUILBAT.BAT. Génère automatiquement des
rem fichiers batch.
rem Crée un fichier permettant par exemple de
rem copier sur A: plus tard.
if %3!==! goto aide
echo Syntaxe %0 Action Fichiers_traités
echo Fichier_batch_généré Paramètres
echo Pour plus d'aide, tapez %0 sans argument.
if exist %3.bat rem > %3.bat
for %%A in (%2) do echo %1 %%A %4 %5 %6 %7 %8 ✂
%9 >> %3.bat
goto end
:AIDE
echo.
echo But: Créer un fichier batch automatisant une
echo commande à appliquer à plusieurs fichiers
echo (Jokers admis), avec 6 paramètres
echo optionnels.
echo.
echo Syntaxe %0% Commande Fichspec Batch_créé ✂
[Paramètre1...Paramètre6]
echo.
echo Exemple: %0 Copy     *.exe     Monbatch
echo a: /b /v
echo crée un fichier nommé Monbatch.bat,
echo appliquant à tous les fichiers EXE du
echo répertoire la commande copy a: /b /v.
echo.
:END
```

Tester si les paramètres entrés sur la ligne de commande sont corrects

Quand un batch utilise des variables, il se peut que l'utilisateur entre un mauvais paramètre sur la ligne de commande. Mieux vaut traiter le cas préventivement en filtrant les paramètres pour vérifier s'ils correspondent aux variables attendues. Si l'on attend comme premier paramètre DBASE ou EXCEL, il suffit en théorie de comparer %1 à ces mots par "IF %1!==DBASE!" suivi en cas de succès d'un branchement à l'étiquette DBASE. Le problème est que cette commande est sensible aux majuscules et minuscules et qu'il faut tester toutes les possibilités d'écriture: DBASE, Dbase, dbase, dBASE, etc. La construction suivante, qui profite de ce fait que le nom des variables d'environnement est traduit par le DOS en majuscules, permet de se dégager de cette obligation:

```
@echo off
rem ERRORCHK BAT
rem batch vérifiant si par ex. DBASE ou EXCEL ont
rem été rentrés sur la ligne de commande, de
rem quelque façon que ce soit (minuscules ou
rem majuscules).
if %1!==! goto aide
set %1=verif
if %DBASE%==verif goto DBASE
if %EXCEL%==verif goto EXCEL
goto aide
:DBASE
echo C'est DBASE
goto end
:EXCEL
echo C'est EXCEL
goto end
:aide
echo Taper DBASE ou EXCEL.
:end
set %1=
```

Se créer un carnet de rendez-vous

On peut se créer facilement un petit carnet d'adresses ou de rendez-vous grâce au fichier NOTES.BAT qui permet de rentrer, de la ligne de commande, n'importe quel message dans un fichier NOTES consultable grâce au fichier associé FINDNOTE.BAT. Voici NOTES.BAT:

```
@echo off
rem NOTES.BAT. S'utilise avec FINDNOTE.BAT.
rem Génère le fichier NOTES.
rem Pour version française du DOS.
if exist notes goto debut
```

```
rem > notes
:DEBUT
echo Entrez vos messages, confirmez par Enter,
echo appuyez sur la touche de fonction F6 et
echo encore sur Enter.
copy con tempnotes
copy /b notes+tempnotes
echo |more | date | find "La" >> notes
echo|more | time | find "L'" >> notes
echo. >> notes
del tempnote
```

On remarque que NOTES.BAT ajoute automatiquement le jour et la date de l'entrée du message, raison pour laquelle les possesseurs d'un DOS américain doivent remplacer < La > et < L' > par < Curr >.

Et voici FINDNOTE.BAT:

```
@echo off
rem FINDNOTE.BAT. S'utilise avec NOTES.BAT et
rem NOTES.
rem ATTENTION: La recherche est sensible aux
rem majuscules et minuscules.
find "%1" notes
```

Pour connaître ses obligations, il suffit d'utiliser FINDNOTE suivi du nom correspondant au rendez-vous. Le mieux est d'incorporer les lettres < RV > à chaque entrée: la commande FINDNOTE RV affichera alors la liste des rendez-vous. Par exemple:

```
Mercredi RV Bridge
La date courante est : Sam 04/04/1992

Jeudi RV chez le dentiste
La date courante est : Lun 06/04/1992
```

Autres programmes contenus sur la disquette optionnelle

BUILDBAT.EXE: Version compilée de BUILDBAT.BAT.

COMPTER.EXE: Version compilée du compteur analysé au chapitre 21.

DEBOG.BAT: Effectue des copies en contrôlant si l'on n'est pas en train d'écraser un fichier de même nom dans le répertoire destination et, si c'est le cas, en permettant à l'utilisateur de sortir en DOS prendre les mesures nécessaires avant de poursuivre la manœuvre.

FOR-COM.BAT: Appliquer en une seule commande plusieurs actions à divers fichiers, par exemple les copier sur une disquette, les compresser dans le répertoire courant et changer leur attribut de façon à ce qu'ils soient marqués comme sauvegardés.

NS.COM: Permet d'analyser un nom de fichier en ses différentes composantes, et d'utiliser la partie utile: nom complet, chemin uniquement, nom seul, nom avec son extension, extension seule. Ce programme est très précieux pour certains types de manœuvres.

REDIRBAT.BAT: Batch démonstration expliquant comment créer à partir d'un fichier batch un autre fichier comprenant des opérateurs de redirection.

RMVAR.BAT: Ce petit batch permet d'effacer les variables d'environnement gênantes en une seule commande.

STARTUP.BAT: Génère automatiquement des copies de la dernière et de l'avant-dernière version des deux plus importants fichiers: AUTOEXEC.BAT et CONFIG.SYS, ce qui permet de les retrouver facilement quand la procédure d'installation d'un logiciel les a modifiés.

TODAY.EXE: Permet de connaître facilement la date et l'heure.

TSTAUTO.COM: Programme permettant de ne lancer qu'une partie des commandes de l'AUTOEXEC.BAT en appuyant sur une touche. Très utile si l'on utilise plusieurs configurations: on peut alors charger la bonne configuration au moment du démarrage, sans avoir à modifier l'AUTOEXEC.BAT et à rebooter.

TURBOBAT.COM: Compile les fichiers batch pour en faire des programmes exécutables.

Table des Matières

Deuxième partie: Les commandes Dos les plus utiles aux batchs

Troisième partie: Fichiers batch complexes et programmes

Egalement disponibles :

(Format 3"1/2)

☐ L'Assembleur facile sur PC - MS0885

☐ Le Bios et le DOS - Les interruptions - MS0893

☐ dBase™ 4 facile sur PC - MS0900

☐ Dessins EPSF - MS0901 - MS0911

☐ L'indispensable pour votre imprimante - MSE0965

☐ L'indispensable pour les utilitaires - Vol. 1 - MS0931

☐ L'indispensable pour les utilitaires - Vol. 2 - MS0931

☐ L'indispensable pour les utilitaires - Vol. 3 - MS0931

☐ Macro-commandes de Lotus - MS0865

☐ Macro-commandes de Word 4 et 5 - MS0929

☐ Progr. structurée et GW Basic - Tome 1 - MS0111

☐ Progr. structurée et GW Basic - Tome 2 - MS0115

☐ Triche et tactiques pour jeux - MS0928

☐ Turbo Pascal ™ 4 facile sur PC - MS0846

☐ Ventura : 15 feuilles de styles - MS0879

☐ Dessins EPSF (disquette Macintosh) - MS0901 - MS0911

☐ PostScript facile (disquette Macintosh) - MS0878

Montant total ☐ **FF** **FB**

Ci-joint un chèque bancaire à l'ordre de Spectrobyte.

Date **Signature**

IMPRESSION : BUSSIÈRE S.A., SAINT-AMAND (CHER). — N° 2352
D. L. AOÛT 1992/0099/248
ISBN 2-501-01739-0
Imprimé en France